Fred E. Schrader

AF154942

Zur politischen Semantik der Revolution

VS RESEARCH

Fred E. Schrader

Zur politischen Semantik der Revolution

Frankreich (1750–1850)

VS RESEARCH

Bibliografische Information der Deutschen Nationalbibliothek
Die Deutsche Nationalbibliothek verzeichnet diese Publikation in der
Deutschen Nationalbibliografie; detaillierte bibliografische Daten sind im Internet über
<http://dnb.d-nb.de> abrufbar.

EA 1577 Les mondes allemands, Universität Paris VIII

1. Auflage 2011

Alle Rechte vorbehalten
© VS Verlag für Sozialwissenschaften | Springer Fachmedien Wiesbaden GmbH 2011

Lektorat: Verena Metzger / Dr. Tatjana Rollnik-Manke

VS Verlag für Sozialwissenschaften ist eine Marke von Springer Fachmedien.
Springer Fachmedien ist Teil der Fachverlagsgruppe Springer Science+Business Media.
www.vs-verlag.de

Das Werk einschließlich aller seiner Teile ist urheberrechtlich geschützt. Jede
Verwertung außerhalb der engen Grenzen des Urheberrechtsgesetzes ist
ohne Zustimmung des Verlags unzulässig und strafbar. Das gilt insbesondere
für Vervielfältigungen, Übersetzungen, Mikroverfilmungen und die Einspei-
cherung und Verarbeitung in elektronischen Systemen.

Die Wiedergabe von Gebrauchsnamen, Handelsnamen, Warenbezeichnungen usw. in diesem
Werk berechtigt auch ohne besondere Kennzeichnung nicht zu der Annahme, dass solche
Namen im Sinne der Warenzeichen- und Markenschutz-Gesetzgebung als frei zu betrachten
wären und daher von jedermann benutzt werden dürften.

Umschlaggestaltung: KünkelLopka Medienentwicklung, Heidelberg
Gedruckt auf säurefreiem und chlorfrei gebleichtem Papier
Printed in Germany

ISBN 978-3-531-17673-4

Inhaltsverzeichnis

Vorbemerkung

Im folgenden soll ein Übergang von der Ideengeschichte politischer Repräsentation zu einer historischen Semantik des Begriffs und seines Kontexts in der Französischen Revolution versucht werden. Es handelt sich der Sache nach um einen Übergang von der geordneten, gepflegten Semantik der politischen Eliten und ihrer Theoretiker zur „unordentlichen", volkstümlichen und eben revolutionären Semantik. Gerade am Beispiel von *représentation* und seinem begrifflichen Umfeld läßt sich so nachvollziehen, wie und warum diese Revolution Sprache und Rede ist, ein Prozeß, von dem Hegel später sagen wird, er ende in Schwindel und Fallen.[1]

Ich danke Rolf Reichardt, der umfangreiche Dokumentenkopien zur Verfügung gestellt hat, sowie Götz Langkau und Dirk Müller für ihre kritische Lektüre des Manuskripts. Die Verantwortung für alle Irrtümer und Fehler liegt ausschließlich bei mir.

Die EA 1577 *Les mondes allemands* der Universität Paris VIII hat die Publikation der vorliegenden Arbeit finanziell unterstützt, wofür ich ebenfalls danke.

---

[1] G.W.F. HEGEL, *Enzyklopädie der philosophischen Wissenschaften I*, § 104, Zusatz 2, Frankfurt/M. 1970, 219-220.

« On veut tout lire; & cette confusion de lectures ne peut que détruire une idée par une autre. (...) La magie du style est devenue parmi nous une source d'erreurs. »[2]

« Chacun s'est érigé en Auteur. Chaque société, chaque particlier même a sa brochure, chaque Province sa manière de penser. »[3]

0. Einleitung

Politische Repräsentation (*représentation politique*) ist vor allem über *représentant(s)* mitsamt dem politisch-semantischen Kontext ein Schlüsselbegriff in den Diskursen der Französischen Revolution, der in der gepflegten und Herrschaftssemantik positiv, in der eher reaktionär-konservativen und in der Volkssemantik negativ belegt wird. Die *Praxis* politischer Repräsentation hat sich aus den Traditionen der *Versammlung* (*assemblée*) sowohl in den katholischen wie protestantischen Kirchen als auch in der feudalständischen Gesellschaft insgesamt herausgebildet. Repräsentation und Versammlungspraxis muten den Gesellschaftsmitgliedern erhebliche Abstraktionsleistungen und Handlungsdisziplin zu, die in der Revolution von der städtischen und ländlichen Bevölkerungsmehrheit massiv, aber letztlich erfolglos zurückgewiesen werden,

---

[2] L.A.CARRACCIOLI, *Les prérogatives du Tiers-état*, o.O. 1789, 33.
[3] Ebd. 26.

9

und zwar mit den positiven empirisch-soziologischen Konzepten des *tiers état* und der *communes*, die im emphatischen Sinne gegen das *corpus mysticum* politischer Repräsentation handfest als *peuple* verstanden werden wollen, das sich in Distrikten und Klubs organisiert. Der Versuch einer Vermittlung beider Positionen gleicht, wie etwa in den mehrdeutigen Diskursen Robespierres deutlich wird, einem aussichtslosen Tigerritt.

Die begriffsgeschichtliche Besonderheit von *représentation* liegt darin, daß es hier seit dem Mittelalter permanent ein erkenntnistheoretisches Fundament gibt, auf das ab dem spätmittelalterlichen katholischen Schisma und dann auch mit der Reformation kirchenrechtliche und kirchenpolitische Argumentationsfiguren aufbauen, die ihrerseits wiederum grundlegend für gesellschaftspolitische Praxisformen des Ancien Régime und der Französischen Revolution sind. Dabei öffnet sich inmitten der Revolution eine Schere zwischen einer populären, dem Ancien Régime verhafteten Praxis konkreter Interessenvertretung und einer politischen Repräsentation, welche mit Abstraktionen hantiert, die sie den Repräsentierten zumutet und dabei deren Zustimmung einfach unterstellt.

Interessant ist, daß zumindest bis zur Revolution die erkenntnistheoretischen, kirchen-, zivil- und staatsrechtlichen Ebenen miteinander kommunizieren, und zwar durchaus über denselben Personenkreis von Juristen beider Rechte, Rechtsphilosophen und Politikern. Doch hört diese Kommunikation mit der praktischen Umsetzung *politischer* Repräsentation auf. Zum einen bricht der kirchenrechtliche Bereich aus dem Diskussionsfeld weg. Zum anderen werden die erkenntnistheoretischen Überlegungen im zivil- und staatsrechtlichen Raum zumindest in der Praxis als zu belastend ausgeklammert.

Die USA haben eine ähnliche und verblüffend konsequente Lösung gefunden. Hier ist politische Repräsentation tatsächlich zumindest idealiter eine exakte Interessensabbildung einer bereits neuen Gesellschaft. Das *corpus fictum* (*fictitious body*) wird durch einen trotz der konfessionellen Diversität gemeinsamen Gottesbezug ersetzt. Der wiederum konstituiert den Begriff der *nation*. Indem einfach unterstellt wird, daß jeder Bürger an Gott glaubt und zu ihm einen direkten Bezug hat, kann dadurch der kompliziertere westeuropäische zivile Nationenbegriff umschifft werden. Und diese Unterstellung erspart auch den aufwendigen und langwierigen Laizisierungprozeß in Frankreich ab dem späten 18. Jahrhundert. In den USA stellt sich das Problem zweier konkurrierender *corpora* ganz einfach deshalb nicht, weil Gott und Nation eine größtmögliche Schnittmenge bilden.

Gelöst wird das westeuropäische Problem, wie in der gepflegten Semantik eines Sieyès durch alle Regime hindurch bis zur Restauration demonstriert, durch Ablage in der politisch-semantischen Registratur ohne Wiedervorlagevermerk. Fürderhin wird Repräsentation pragmatisch, aber falsch als schlichte Interessenvertretung verstanden, wobei die Abstraktionszumutungen – selbst die eines Gottesbezugs – entfallen und durch eine reflexionslose Wahlmechanik ersetzt wird, die begründungslos evident funktioniert, soweit und solange sie funktioniert. Die Aktualisierung der Repräsentationssemantik brächte – wie bereits im Laboratorium der Französischen Revolution und weiterhin in der Geschichte des 19. und 20. Jahrhunderts mehrfach demonstriert - unkalkulierbare politische Risiken und gesellschaftliche Instabilität mit sich.[4]

Was folgt, ist eine diskursgeschichtliche Analyse. Sie setzt die politische Ereignisgeschichte und die Sozialgeschichte des Ancien Régime und der Revolution voraus. Die kann an dieser Stelle nicht repetiert werden. Hierzu stehen, insbesondere mit dem *Bicentennaire* der Französischen Revolution, andere Arbeiten zur Verfügung.[5]

---

[4] Vgl. K. MARX, *Der 18. Brumaire des Louis Bonaparte*, 1851, MEW 8.
[5] Eine kleine Übersicht in F.E. SCHRADER, Strategien der Historiographie und Perspektiven der Mentalitätsgeschichte. Ein Forschungsbericht zum Bicentenaire der Französischen Revolution, in: *Archiv für Sozialgeschichte XXX* (1990).

Im Überblick ist hier zweierlei zu unterscheiden:

- eine *gepflegte Semantik*, die sich in systematischer Theoriebildung eine eigene Publizistik schafft, in der ein historisch, juristisch und philosophisch geschultes Personal sich - z.T. gegenseitig - aufeinander beziehen kann. Hier sedimentiert sich in der frühen Neuzeit ein Textkorpus, ein regelrechter Kanon, der zu einer permanenten Referenz erster Ordnung wird und sich selbst in seiner Logik geradezu überzeitlich darstellt.

- eine *gesellschaftliche Praxis*, die mit denselben Begriffen arbeitet, hingegen bis zur offenen Selbstwidersprüchlichkeit jene abgelagerte systematische Logik immer aufs Neue Verwerfungen unterzieht. Diese Semantik der distribuierten Begriffe wird zwar von der gesellschaftlichen Praxis zusammengehalten, macht aber vom 16. bis zur Mitte des 19. Jahrhunderts einen heftigen, turbulenten Gärungs-, Entwicklungs- und Wandlungsprozeß durch.[6]

Beide Bereiche sind aufeinander bezogen, und genau diese Bezüge gilt es historisch zu bestimmen. Zum einen ist deutlich, daß die "großen" Theoretiker auf das ihnen jeweils zeitgenössische, für sie unstrukturierte gesellschaftliche und politische Chaos mit rechtstheoretischer Systematik strategisch *reagieren*. Ihre Problemstellung, die der friedlichen Vergesellschaftung, dreht sich regelmäßig um die beiden Pole der Vermeidung eines Bürgerkrieges und der Legitimität von Herrschaft zur Sicherung der Person und ihres Eigentums. Zum anderen zeigt sich bei näherer Betrachtung, daß in der intellektuellen Praxis eine solche rechtstheoretische Logik zwar intellektuell bestechen kann, im Diskurs der gesellschaftlichen Krise, des Bürgerkriegs und der Revolution jedoch noch keineswegs notwendigerweise eine starke Position garantiert, welche die politische Plausibilität oder gar Evidenz auf ihrer Seite hätte. Im Gegenteil, häufig, wenn nicht gar

---

[6] N. LUHMANN, *Gesellschaftsstruktur und Semantik,* 1, Frankfurt/M. 1993, Kap. 1.

12

in der Regel setzen sich gerade solche Positionen durch, welche die Begriffe in einer - aus systematischer Sicht - ungeklärten Logik belassen und sie in einer mehrschichtigen, schillernden Vieldeutigkeit verwenden. Hier macht offenbar gerade die Mehrwertigkeit eines Begriffs seinen Erfolg aus, und seine Widersprüchlichkeit treibt wiederum den revolutionären Prozeß voran.

Nicht zuletzt scheint es bezeichnend zu sein, daß die Revolution derart mit Gewalt beendet wird, daß auch jene zentralen Begriffe unterdrückt werden. Vom Thermidor bis Februar 1848 ist von politischer Repräsentation dann weit weniger die Rede. Man kann also mit einiger Sicherheit davon ausgehen, daß zwischen der gepflegten Semantik der systematischen Politik- und Rechtstheorie und der sozialgeschichtlichen semantischen Praxis, in welche sie klärend eingreifen will, zwar eine Wechselbeziehung besteht, daß die gesellschaftlich breiter verteilte semantische Praxis aber weiterhin die Basis der gepflegten Semantik bleibt, gleichsam der gärende Bodensatz an begrifflichen Vorstellungen, aus denen ganze Weltentwürfe experimentell zusammengebaut, einander gegen-übergestellt und dann wieder neu konstruiert werden.

Dieser Sachverhalt bereitet historiographische Probleme. Die konventionelle Lösung entzieht sich ihnen, indem sie die Diskurse des Ancien Régime und der Revolution mit den Kategorien der prominenten Rechtstheoretiker darstellt und beurteilt. Das erscheint nicht nur plausibel, sondern kann auch noch den Vorteil der literarischen Eleganz auf seiner Seite verbuchen. Allerdings hat dieses Vorgehen seinen Preis. Es leuchtet nämlich nicht mehr so recht ein, warum in der tatsächlichen Geschichte rechtstheoretisch in sich stimmige Positionen in der Regel den unlogischen und eklektischen Diskursen unterlegen bleiben. Ein brillanter Kopf wie Sieyès verachtet diese Diskurse mit intellektueller Eiseskälte, aber seine in Wort und Schrift schneidende Logik vermag sich im revolutionären Geschehen gerade *nicht* durchzusetzen.

Im folgenden wird eine Lösung versucht, welche genau an dieser Widersprüchlichkeit ansetzt, diese als Gegenstand des historischen Prozesses ernstnimmt und analysiert. Dabei erscheint die systematische Rechtstheorie eben nicht mehr als höherwertig, sondern in dem beschriebenen gesellschaftsgeschichtlichen Kontext bereits selbst als abgeleitet. Diesem Forschungsinteresse hat die Darstellungsform zu entsprechen. Doch auch wenn die sozialgeschichtliche semantische Praxis im Mittelpunkt steht, läßt sie sich nicht umstandslos und als erste abhandeln. Denn derart erschiene unversehens die sie vereinnahmende systematische Rechtsphilosophie gleichsam doch wieder als abschließende Krönung auf dem Königsweg der Historie. Ein weiteres Problem besteht darin, daß sich die revolutionären Diskurse teilweise ausdrücklich auf „große" Theoretiker beziehen, und sei es auch nur etwa als womöglich selbstmißverständliches Zitat oder als isoliert herausgebrochener eklektischer Theoriebrocken. Um die jeweilige Differenz zur in sich geschlossenen Systematik bestimmen zu können, muß diese bereits als bekannt vorausgesetzt werden.

Um aus diesem Dilemma herauszufinden, wird hier zunächst das Korpus der Rechtstheorie vorgestellt, um zu zeigen welchen systematischen Ort den hier abzuhandelnden Begriffen zugewiesen worden ist. Hierbei werden die Theoretiker bereits in ihrem jeweiligen konkreten historischen Bezugsfeld situiert. Danach wird die *sozialgeschichtliche Praxis* der Begriffe dargestellt, die diesen jeweils eine eigene Kohärenz gibt, welche zwar durchaus quer zur rechtstheoretischen Logik liegt, ihr aber eine historische Tiefendimension verleihen kann.

Ein besonderes Problem der historischen Semantik besteht eben in ihrem Verhältnis zur Ideen- und Theoriegeschichte. Einerseits macht diese Teil des Gegenstandes der historischen Diskursanalyse aus, andererseits lehnt letztere es ab, Theorien eine privilegierte Stellung vor anderen Diskursen zuzusprechen, nur weil sie ideengeschichtlich wirkungsmächtiger, einflußreicher, schulbildend geworden sind. Dennoch steht es außer Frage, daß einige Texte zeitgenössisch bevorzugte Referenzen darstellen, und sei es in Schlagworten, in Fragmenten, in mißverständlichen oder fehldeutenden Verweisen, die auch den Charakter von Volksvorurteilen annehmen können. Rousseaus *Contrat social*, viel zitiert und im Kontext wenig gelesen und noch weniger verstanden, bietet für die Auseinandersetzungen um politische Repräsentation in der Französischen Revolution hierfür nur ein Beispiel unter vielen.

Um erkennen zu können, daß und wo es sich um - manchmal mißverständliche und mißverstandene - Fragmente von Zitaten handelt, muß man in der Lage sein, im Vergleich zur Vorlage die Lücken und die abweichenden Argumentationslogiken zu erkennen und darzustellen. Denn auch die Lücken sind bezeichnende - negative - Referenzen. Außerdem läßt sich im Vergleich zur Vorlage rekonstruieren, was die Zitate zusammenhält und sie zu einem eigenen, originalen System fügt. Für die Darstellung der historisch-semantischen Analyse heißt dies eben, daß sie um eine Erörterung der Ideen- und Theoriegeschichte nicht herumkommt, insofern und soweit sie ko-textbildend ist und eine gemeinsame Referenz der zeitgenössischen Diskurse und Praktiken bildet. Nicht als Maß aller Diskurse sind sie wichtig, sondern als Steinbruch von Worten, Argumenten, neu zusammengesetzten Diskursen, die jeweils einer eigenen Logik folgen.

Hierbei wird wiederum deutlich, daß es Unterschiede in der intellektuellen Konsistenz und Eleganz gibt. Ein Angehöriger der Funktionseliten, womöglich noch juristisch geschult und ausgebildet, zitiert korrekter und argumentiert stringenter als ein Vertreter der *boutique* oder des Handwerks. Doch dadurch allein gewinnt der gelehrte Diskurs für die historische Semantik durchaus noch keine höhere Dignität vor dem populären. Entscheidend sind in ihrer Fragestellung nicht innere Argumentationslogik, sondern soziale Funktionszusammenhänge, Ko- und Kontexte, Relationen von Diskurs und politischer Praxis, diskursive Brüche, Lücken, Konfrontationen. Erst unter dieser Voraussetzung gewinnen Theorie und wissenschaftlich-politischer Diskurs ihre sozialgeschichtliche Wertigkeit.

Ein letztes Darstellungsproblem besteht in der Abgrenzung der hier zu behandelnden Begriffe voneinander. Denn tatsächlich kommunizieren sie fortlaufend miteinander, treten gemeinsam in denselben Diskursen auf, erläutern einander. *Assemblée* kreist etwa, eventuell zusammen mit *tiers* und *communes*, der *Sache* nach um politische Repräsentation, auch wenn im Einzelfall dieser Begriff gar nicht fallen muß. Nicht im Sinne einer Hierarchisierung, wohl aber zur Vermeidung von Wiederholungen müssen also darstellungsökonomische Entscheidungen getroffen werden, was zuerst behandelt wird und was folgt.

1. Représentation

1.1. Grundbedeutungen

Im Lateinischen hat *repraesentare* zunächst die eher banale Bedeutung von „sogleich ausführen" bzw. „sofort herbeischaffen" oder „unmittelbar in Erscheinung treten", und *repraesentatio* heißt in diesem Sinne schlicht „Barzahlung". *Repraesentare* heißt weiterhin soviel wie „darstellen", „in Erscheinung treten", „an die Stelle von etwas treten", „etwas vorstellen", also ein konzentrierter mentaler Akt, der entschieden mehr ist als eine vergleichsweise eher beliebige Imagination.[7] Derart repräsentiert der Sohn den Vater, der Bischof dem Papst, dieser – wie auch der König – Gott. Der eine *gleicht* dem anderen.

Von diesen Grundbedeutung aus lassen sich mehrere Filiaturen des Substantivs *repraesentatio* verfolgen. Dabei kann die mentale Aktivität, die notwendigerweise zunächst immer eine individuelle ist, mit einer gemeinschaftlichen Praxis mehrerer Individuen verknüpft werden. Der Akt des – möglicherweise memorisierenden - Vor- und Darstellens kann sich nicht nur auf ein inneres Bild, sondern auch auf einen Gegenstand, eine Sache, eine materielle Handlung beziehen, welche mentale Vorstellungen provozieren, wobei jene materiellen Erscheinungen selbst wieder „représentations" genannt werden. Zu einer solchen Praxis zählt die – stellvertretende – hölzerne *représentation* auf Gerichtsplätzen oder in den römisch-katholischen Kirchen, die durch ihre Präsenz Erinnerung induzieren

---

[7] Wohl aus diesem Grund hat die französische Mentalitätsgeschichte der 1980/90er Jahre *représentation* den Vorzug vor dem vorher gebrauchten *imaginaire* gegeben.

soll.[8] Im höfisch-ständischen gesellschaftlichen hierarchischen Umgang wird der Begriff auch im Sinne von „sich vorstellen", „seine Vorstellungen machen" gebraucht, oft in Form einer Delegation, die etwas vorschlägt oder erbittet. Die Missionen der Handelskammern der Provinzstädte in Paris-Versailles können hierfür als Beispiel dienen.

1.2 Zur philosophischen und politisch-rechtlichen Vorgeschichte von représentation

Von der Antike bis zum Spätmittelalter ist der Begriff der Repräsentation in den Bereichen der Erkenntnistheorie, der Rhetorik, der Zeichentheorie, des Rechts geläufig. *Repraesentare* heißt, sich etwas intensiv vorzustellen (Plinius), bezeichnet Vorstellungen als mentale Zustände und mnemotechnische Vorgehensweisen (Quintillian).

Im einzelnen läßt sich grob unterscheiden zwischen einem mentalen Zustand kognitiven Gehalts, einem mentalen Zustand, der einen anderen reproduziert, einer Abbildung, einer Stellvertretung. Eine präzise Abgrenzung scheint schwierig zu sein, weil immer Konnotationen innerhalb des Wortfeldes mitschwingen.

Wie immer in solchen Fällen, liefert auch hier die mittelalterliche-spätmittelalterliche Philosophie die ganze Bandbreite der Möglichkeiten, *repraesentatio* zu verstehen. So werden auch extramentale Repräsentationen (Abaelard) und genereller solche durch Zeichen nach Arten von Bild, Spur, Spiegel oder Buch (Aquin) diskutiert, bei Wilhelm von Ockham auch sprachliche Zeichen. Für ihn ist *repraesentatio* ein direkter mentaler Akt repräsentierender Kognition, etwa der Erkennung

---

[8] Hauptquellen hier und im folgenden: Art. Repräsentation in *Geschichtliche Grundbegriffe* und *Historisches Wörterbuch der Philosophie*.

eines Bildes, also der unmittelbar bewirkten Kognition ohne Medium zwischen Gegenstand und Verstand.

Die spätere Diskussion dreht sich um die Frage des Verhältnisses von Repräsentieren, Erkennenlassen und Bedeuten. Insbesondere wird bei Repräsentation differenziert zwischen Repräsentiertem und Repräsentierendem, zwischen Bezeichnetem und Zeichen. Gegen die kartesianische Theorie der Fähigkeit der Seele, Ideen - Figuren, die im Hirn gezeichnet werden - eben im Hirn zu repräsentieren (*sibi repraesentare*) und gleichsam mit einem „zweiten Auge" zu betrachten, setzen Hobbes und andere auf die Konzeption der Repräsentation als stellvertretendes Bild einer Sache, wozu noch nicht einmal unbedingt eine besondere Ähnlichkeit nötig sei („any representation of one thing by another"). Doch wie schon bei Leibniz, der zwischen Repräsentation und Sache bestimmte Analogien und konstante Relationen behauptete, wobei die Repräsentation dem Repräsentierten nie etwas hinzufügen könne, so geht auch Locke von einer Adäquatheit, einer Referenz oder einer Korrespondenz zwischen beiden aus, wie überhaupt in der Philosophie eines Berkeley oder Hume auf einer intramentalen Beziehung insistiert wird, die sich auf Ähnlichkeit gründe und daher reine Stellvertretung sei.

In der juristischen Sprache des Mittelalters heißt *repraesentare* zunächst weiterhin etwas herbeischaffen, aber auch, etwas vertreten, folglich *se repraesentare* persönlich (vor Gericht) erscheinen. *Unum corpus repraesentare* heißt, eine rechtliche Einheit bilden. Die wird dann einer Person zugerechnet. *repraesentata* oder auch einer *persona ficta*, unterschieden. Der Begriff wird dann korporatistisch und ständisch entwickelt.

Repraesentatio gewinnt weiter an gesellschaftspolitischer Bedeutung. Dabei verfestigen sich zwei konträre Positionen. Zum einen behauptet ein Teil („Kopf") der hierarchisch gegliederten Gesellschaft, diese in allen ihren Teilen darzustellen und ihnen

Sinn, insbesondere Rechtsfähigkeit zu verleihen. Zum anderen wird genau diese Darstellung in Zweifel gezogen, wenn sie nicht an ständische oder wie auch immer parlamentarische Institutionen gebunden ist.

Die Sache wird erstmals intellektuell und politisch in der Frage um das Verhältnis von geistlicher und weltlicher Macht sowie prinzipieller noch in der Kirchenspaltung 1378-1418 durchgespielt. In Anlehnung an Paulus[9] versteht man die Kirche als Leib Christi, ein *corpus mysticum*, das Christus/Gott als korporative Einheit repräsentiere, die allerdings auch konstituiert werden müsse. Dabei besteht idealiter Identität zwischen Haupt und Gliedern. Nach dem Franziskaner Wilhelm von Ockham (1290-1349) waren Papst und Konzil fehlbar, weil sie nur die sichtbare Kirche darstellten; hingegen könne nur die unsichtbare Kirche mit Christus als Haupt die ursprüngliche Kirche wirklich repräsentieren. Mit dem Schisma hingegen maßt sich das Konzil von Konstanz 1414 an, „ecclesiam catholicam militans repaesentans" zu sein. Das folgende Konzil von Basel (1431-49), das sich als eine Art permanentes Kirchenparlament mit spezialisierten Beratungsausschüssen zu etablieren sucht, erklärt sich sogar schlicht „supra papam". Hier wird der Repräsentationsanspruch vom Haupt auf die Glieder verlagert. Dennoch bleibt die korporatistische hierarchische Einheit der Kirche unangetastet. Es besteht darüber eine ausdrückliche oder stillschweigende Übereinstimmung: „Repraesentacio in concensu tacito vel expresso est." Aus *eigenem* Recht könne niemand repräsentieren und darüber vermittelt herrschen. Die Vermittlung werde vielmehr durch Institutionen und Prozeduren hergestellt.

In die Periode der Kirchenspaltung platzt der von Nikolaus von Kues im Konzil von Basel vorgetragene (mit Laurentius Valla

---

[9] Etwa *Röm.* I 12.4/5: „Denn wie wir an *einem* Leib viele Glieder haben, aber nicht alle Glieder dieselben Aufgaben haben, so sind wir viele *ein* Leib in Christus, aber untereinander ist einer des anderen Glied." Nach dem Text der Deutschen Bibelgesellschaft, Stuttgart 1985.

ermittelte) Beweis, daß die sogenannte Konstantinische Schenkung, wonach der Kaiser (ca. 280-337) den Primat des Papstes Silvester I. anerkannt und ihm und seinen Nachfolgern die Herrschaft über Rom und das weströmische Reich zugesprochen habe, eine Fälschung des 9. Jahrhunderts ist. Damit wird zumindest indirekt die Konziliaridee noch einmal nachhaltig gestärkt.[10]

Diese Diskussionen – und Praktiken – schaffen zusammen mit dem beginnenden Buchdruck eine geradezu explosive Situation nicht nur im konfessionellen, sondern analog auch im politischen Bereich. Luthers Position ist bereits vorbereitet: Seine Kritik am Suprematieanspruch des Papstes ist nicht neu, sondern bereits eine kirchliche Tradition. Die unsichtbare Kirche Christi kann nicht fehlgehen, die weltliche hingegen schon. Als einzig mögliches Entscheidungskriterium bleibt das Prinzip des *sola scriptura*. Dem Suprematieanspruch des Papstes entspricht der des Kaisers, ob sie einander bekämpfen oder miteinander paktieren. Durch diese strukturelle Analogie werden etwa die Reichsstände an Luther interessiert, der dadurch gegen seinen Willen zum Politikum wird. Hingegen wirken Hutten, Sickingen, Zwingli, Calvin unmittelbar politisch. Das alles hat mit politischer Repräsentation oder gar mit Demokratie noch nichts zu tun, bewegt sich vielmehr weiterhin im ständisch-korporativen Bereich, auch innerhalb der neuen Kirchen. Allerdings handelt es sich um ein mentales und praktisches Training, auf das später politisch-rechtlich zurückgegriffen werden kann, und zwar über das bestehende theoretisch-literarische Korpus hinaus.

In diesem Diskussionsfeld der Repräsentation ist bereits ein Sprengsatz angelegt, nämlich die Frage der stillschweigenden oder ausdrücklichen Übereinstimmung der Repräsentierten mit den Repräsentanten, die im ersteren Fall – korporatistisch durchaus korrekt gedacht - einfach unterstellt wird, so wie nach dem

---

[10] Zur Dogmengeschichte vgl. A. DARQUENNES, *De juridische structuur van de kerk*, Louvain 1949.

Tridentinischem Konzil (1545-63) sich die Gnade Gottes in den von der Kirche vermittelten Sakramenten unabhängig von der Haltung des Empfängers mitteilt, auch ohne Werkfrömmigkeit oder Luthers Prinzip des *sola fide*. In England wird auf der Basis der unterstellten stillschweigenden Übereinstimmung von *virtual representation* gesprochen.Von der politischen Theorie her – etwa später bei Hobbes – ist Zustimmung der Repräsentierten dann weder notwendig noch überhaupt wünschenswert, weil sie politische Begehrlichkeiten schaffen könnte.

Die Konziliarismusdebatte samt anschließender Reformation in deren verschiedenen Ausprägungen hat zu drei Bewegungen beigetragen. Zum einen wurde der Begriff der *repraesentatio* zunehmend und letztlich dauerhaft mit der Praxis der Versammlung verknüpft, und sei es auch in Konkurrenz zu anderen Prätendenten. Zum zweiten gewinnt dadurch das Procedere an Bedeutung, welches als Legitimation durch Verfahren[11] das Recht aus Herkommen (*convenance*) nicht unmittelbar aufhebt, aber doch relativiert. Drittens schließlich bereitet *repraesentatio*, zugleich in und neben dem korporatistischen Prinzip, eine später virulent werdende Individualisierung gegenüber und in der Versammlung, und das heißt auch gegenüber dem in der Versammlung konstituierten *corpus mysticum* vor.

Im Gefolge der entfesselten westeuropäischen Bürgerkriege konfessioneller Prägung im 16.-17. Jh. wird der Repräsentationsbegriff in Westeuropa nachhaltig politisiert und bleibt bei weitem nicht mehr auf den theologisch-kirchenrechtlichen Bereich beschränkt. Vielmehr gewinnt er in der Diskussion der ständisch-korporatistischen Institutionen – einschließlich des Prinzen bzw. Monarchen - und deren Rechte an Bedeutung, um sich schließlich auch davon zu lösen.[12]

---

[11] N. LUHMANN, *Legitimation durch Verfahren*, Frankfurt/M. 1983.

[12] J. ROELS, *Le concept de représentation politique au dix-huitième siècle français*, Louvain 1969, 1-3, unterscheidet folgende Formen der Repräsentation:

PRIVATRECHT:

1) väterliche Vormundschaft
2) Vormundschaft des Ehegatten
3) Repräsentation durch Erbfolge (Enkel überspringen die verstorbenen Eltern)
4) Vormundschaft im weiteren Sinne
5) Mandat (juristisch im Namen des Mandanten bindend)
6) Kommission (der Kommissionaire begeht im eigenen Namen, aber auf Konto eines anderen juristisch bindende Geschäfte)
7) Delegation (setzt bereits eine rechtliche Beziehung zwischen zwei Personen voraus, von denen eine beauftragt wird, eine für die andere bindende weitere Beziehung herzustellen)
8) Gestion, wobei der Gerant für einen Gestionnaire handelt, was dieser aber noch anschließend ratifizieren muß

ÖFFENTLICHES RECHT:

1) Delegation, wobei der Delegierte als Kommis für einen ursprünglichen Vermögensinhaber (teilweise) handelt
2) Diplomatische Repräsentation, für einen Souverän oder einen Staat
3) Monarchische Repräsentation (Land, Volk)
4) Parlamentarische Repräsentation (Interessensvertretung)
5) Nationale Repräsentation (Sieyès)
6) Volksrepräsentation (Rousseau)

2. Gepflegte Semantik

Gepflegte Semantik der intellektuellen Eliten hat es im gesell-
schaftlich-politischen Bereich mit Macht und Herrschaft zu tun.
Dabei ist eine besonders ausgebildete Kaste oder Schicht damit
beauftragt, durch Selektion und Invention Begriffe zu besetzen und
Diskurse der Herrschaft zu entwickeln, die sowohl in einem legiti-
mierenden historischen Kontinuum stehen als auch in sich logisch
stringent sind. Sie sollen dabei idealiter nicht nur plausibel, sondern
darüber hinaus dermaßen evident, d.h. unmittelbar einleuchtend
sein, daß ihr Gegenteil als absurd erschiene. Dabei bedient sich das
für die gepflegte Semantik zuständige Personal, das keineswegs
einheitliche Interessen und Ziele verfolgt, einer ganzen Reihe von
Tricks und deren Kombinationen. Zu den einfachsten gehört es
noch, systematische Konsistenz gegen historische Kontinuität auszuspielen oder umgekehrt, Begriffe zu besetzen, neue Argumente
einzuführen, andere auszublenden oder gar permanent zu vergessen
bzw. vergessen zu lassen, Traditionen zu erfinden, die es nie gegeben hat, eine semantische Front zu eröffnen, um von einer anderen
abzulenken, Verwirrung um künstliche Probleme zu schaffen, um
wirkliche nicht lösen zu müssen oder zumindest aufschieben zu
können, mit wechselnden Mehrdeutigkeiten zu jonglieren. Im Ancien Régime und in der Revolution muß sich die gepflegte Semantik dem unvorhergesehenen Problem stellen, mit „nichtgepflegter",
also volkstümlicher Semantik in Land und Stadt konfrontiert zu

werden, und entsprechend neue, möglichst erfolgreiche Strategien zu erfinden und durchzusetzen.[13]

Auch wenn jedes Land seine eigene, spezifische Diskussion führt, die sich auf spezifische politisch-historische Besonderheiten bezieht, so bleibt doch in der historischen Semantik von *politischer Repräsentation* ein europäischer Rezeptionszusammenhang samt Diskussionsnetz bestehen. Insbesondere im Frankreich des Ancien Régime wird etwa genauestens verfolgt, was sich in dieser Hinsicht im Alten Reich, in England und in Nordamerika abspielt. Insofern ist die infranationale *République des lettres* durchaus keine Schimäre.

Für die französischen Eliten ist der permanente Vergleich mit europäischen ständisch-korporativen Repräsentationspraktiken insofern von Interesse, als die Generalstände seit 1614 nicht mehr einberufen werden. Dabei handelt es sich nicht um eine präabsolutistische Bosheit der Krone, sondern einfach um die Konsequenz aus der Feststellung, daß das französische System der *États généraux* nicht funktioniert. Das hatte vorgesehen, daß im ganzen Land die Stände – Geistlichkeit, Adel, restliche Korporationen – jeweils einen Zustands- und Mängelkatalog der *cahiers de doléances* abfassen, der dann wiederum auf Landesniveau immer nach Ständen getrennt zusammengeschmolzen wurde, um schließlich in eine ständeübergreifende Gesamtsynthese zu münden, die dem König überreicht wurde. Der wiederum wurde zum personifizierten Träger dieser Synthese des Zustands im Lande und war gehalten, darauf entsprechend zu reagieren. Doch zur offenen Verzweiflung von Henri IV (1553-1610) ist dieses System blockiert, weil die Generalstände nicht zu der von ihnen erwarteten Synthese eines Zustandsberichts des Königreichs kommen, den er dringend braucht, um seine Aufgaben wahrnehmen zu können. Deswegen greift er auf Versammlungen „persönlich" ausgewählter Berater zurück. Diese Praxis wird nach Henri IV beibehalten.

---

[13] N. LUHMANN, wie Anm. 12.

Diskussionsreferenzen der französischen gepflegten Semantik sind das Alte Reich, England und Nordamerika. Das Reich ist dabei von doppeltem Interesse. Zum einen gibt es von monarchischer Seite Aspirationen auf den Kaisertitel, so bei Franz I. und für Ludwig XIV., zum anderen erscheint dem Adel und den Ständen das System des Wahlkaisertums und des Reichtags, vor allem des Immerwährenden Reichtags seit 1663 als permanentem Gesandtenkongresses, ein Modell dafür sein zu können, wie der monarchische Machtanspruch institutionell und verfahrenstechnisch zu regulieren wäre. An Lob mangelt es nicht.[14] Wenn hier von Repräsentation die Rede ist, dann ist damit immer eine Ständevertretung gemeint, und wenn der Abbé de Saint-Pierre von *peuples* spricht, dann handelt es sich für ihn selbstverständlich um korporationsrechtlich verfaßte Völker. Etwas anderes ist zeitgenössisch kaum vorstellbar.

Dasselbe gilt auch für das englische Parlament, dessen Abgeordnete *repraesentant totam communitatem Angliae*, und zwar zusammen mit dem König, der nach Locke alleine keinen eigenen Willen durchsetzen könne. Dabei sind die Abgeordneten Interessensvertreter ihrer Stände bzw. Korporationen. Eine Wahlbeteiligung oder individuelle Zustimmung *aller* Gesellschaftsmitglieder gilt nicht als notwendig. Wichtig ist nur das Prinzip der Repräsentation überhaupt.

2.1 Montesquieu

Genau so wird das auch in Frankreich wahrgenommen. Im *Esprit des lois* erklärt Charles Montesquieu (1689-1755) im Kapitel *De la constitution d'Angleterre*:

---

[14] Zu Saint-Pierre und Mably vgl. F.E. SCHRADER, *L'Allemagne avant l'État-nation. Le corps germanique 1648-1806*, Paris 1998, 58 ff.

Comme, dans un État libre, tout homme qui est censé avoir une âme libre doit être gouverné par lui-même, il faudroit que le peuple en corps eût la puissance législative. Mais comme cela est impossible dans les grands États et est sujet à beaucoup d'inconvénients dans les petits, il faut que le peuple fasse par ses représentants tout ce qu'il ne peut faire par lui-même. (…) Le grand avantage des représentants, c'est qu'ils sont capables de discuter les affaires. Le peuple n'y est point du tout propre ; ce qui forme un des grands inconvénients de la démocratie.[15]

Dabei unterscheidet Montesquieu zwischen Deputierten, die *un corps de peuple* wie in Holland repräsentieren und solchen, die *sont députés par des bourgs* wie in England. Weiterhin will er die Interessen der Eliten gewahrt wissen („des gens distingués par la naissance, les richesses ou les honneurs"): „Ainsi, la puissance législative sera confiée, et au corps des nobles, et au corps qui sera choisi pour représenter le peuple, qui auront chacun leurs assemblées et leurs délibérations à part, et des vues et des intérêts séparés.» Beim ersten *corps* handelt es sich um eine erbliche Repräsentation, die nicht von sich aus gesetzgeberisch tätig werden kann (*faculté de statuer*), wohl aber Gesetzhebung verhindern kann (*faculté d'empêcher*).[16]

Tacitus dient Montequieu als Beleg für seine These, daß die Germanen die Praxis der Repräsentation erfunden und die Engländer sie dann zu ihrer politischen Regierungsform gemacht hätten. „Ce beau système a été trouvé dans les bois" – „Voilà l'origine du gouvernement gothique parmi nous"[17] Die Rolle des Volkes beschränkt sich bei Montesquieu darauf, Männer durch Wahl zu bestimmen, die fähig sind, Gesetze zu machen. Ganz im Gegensatz zu Rousseau, der sich später gerne auf das alte Roms bezieht, heißt es

---

[15] XI 6, hier nach der Pleiade-Ausgabe, 399-400.
[16] Ebd. 401.
[17] Ebd. 407, 409.

28

hier: « Il y avait un grand vice dans la plupart des anciennes républiques: c'est que le peuple avait droit d'y prendre des résolutions
actives, et qui demandent quelque exécution, chose dont il est entièrement incapable. Il ne doit entrer dans le gouvernement que
pour choisir ses représentants, ce qui est très à sa portée. Car, s'il y
a peu de gens qui connaissent le degré précis de la capacité des
hommes, chacun est poutant capable de savoir, en général, si celui
qu'il choisit est plus éclairé que la plupart des autres. »[18] Und insbesondere argumentiert Montesquieu:

Il n'est pas nécessaire que les représentants qui ont reçu de ceux qui
les ont choisis une instruction générale en reçoivent une
particulière sur chaque affaire, comme cela se pratique dans les
diètes d'Allemagne. Il est vrai que de cette manière la parole des
députés serait plus l'expression de la voix de la nation; mais cela
jetterait dans des longueurs infinies, rendrait chaque député le
maître de tous les autres; et, dans les occasions les plus pressantes,
toute la force de la nation pourrait être arrêté par un caprice.[19]

2.2 Hobbes

Montesquieu reagiert mit seinem Prinzip der Gewaltenteilung und
der Repräsentation bereits auf einen Zeitgenossen des englischen
Bürgerkriegs, Thomas Hobbes (1588-1679).[20] Im unterstellten Zustand der Nichtvergesellschaftung (zeitgenössisch eben: im Bürgerkrieg) haben alle ein Recht auf alles – und damit ein Recht auf
nichts. Es besteht keine Sicherheit der Person und ihres Eigentums.

---

[18] Ebd. 272.
[19] Ebd. 408-409.
[20] B. TUSCHLING, *Die „offene" und die „abstrakte" Gesellschaft*, Berlin 1978,
215-249; D. HÜNING, *Freiheit und Herrschaft in der Rechtsphilosophie des
Thomas Hobbes*, Berlin 1998.

Es ist die Gewalt, die entscheidet, was ein unhaltbarer Zustand ist. Aus dieser Einsicht, d.h. auch aus dieser Angst heraus schließen die Menschen einen Gesellschaftsvertrag:

reall Unitie of them all, in one and the same Person, made by convenant of every man with every man, in such manner, as if every man should say to every man, *I Authorise and give up my Right of Governing my selfe, to this Man, or to this Assembly of men, on this condition, that thou give up thy Right to him, and Authorise all his Actions in like manner.*[21]

Dadurch werde innerer und äußerer Frieden gesichert:

A *Common-wealth* is said to be *Instituted*, when a *Multitude* of men do Agree, an *Convenant, every one, with every one,* that to whatsoever *Man,* or *Assembly of Men,* shall be given by the major part, the *Right* to *Present* the Person of them all, (that is to say, to be their *Representative*;) every one, as well he that *Voted for it,* as he that *Voted against it,* shall *Authorise* all the Actions and Judgements, of that Man, or Assembly of men, in the same manner, as if they were his own, to the end, to live peaceably amongst themselves, and be protected against other men.[22]

Diese Argumentation ist in dreierlei Hinsicht folgenreich. Zum ersten wird ein Mann erst durch die Aufgabe seines Rechts zur Selbstregierung zu einer vergesellschafteten Person. Zweitens regiert er sich über den Souverän vermittelt weiterhin selbst, allerdings in Frieden und Sicherheit, wodurch ein Widerspruch gegen die Entscheidungen des Souveräns unlogisch wäre. („nothing the Sovereign Representative can do to a Subject, on what pretence

---

[21] *Leviathan* II 17, nach der Ausgabe C.B. MACPHERSON, Harmondsworth 1978, 227.
[22] Ebd. II18, 228-229.

soever, can properly be called Injustice, or Injury; because every Subject is Author of every act the Soveraign doth (…)."[23] Drittens ist in dieser Figur eine explizite Zustimmung gar nicht mehr notwendig und noch nicht einmal wünschenswert, indem die Unterwerfung unter den oder die Repräsentanten genügt. *Present* oder *represent* heißt bei Hobbes soviel wie Darstellung und Vorstellung der *Einheit* aller Männer, sich selbst zu regieren. Erst durch einen Souverän – ein Mann oder eine Versammlung von Männern – werden die Männer zu einer Einheit von Personen, zu einem Volk. Insofern *ist* der Souverän das Volk in seiner Einheit, das sich durch ihn selbst regiert. Die individuellen Mitglieder dieser Gemeinschaft stehen aber in keinem Rechtsverhältnis zu ihrem Gesamtrepräsentanten und können dessen Entscheidungen auch nicht anfechten, weil es ja in der stringenten Konstruktion Hobbes' seine eigenen sind. Widerstand führte unweigerlich wieder zu Bürgerkrieg. Die Repräsentation selbst fällt in den staatlichen Bereich, die wiederum den gesellschaftlichen regelt und garantiert. Dieser existiert zwar getrennt vom Staat, benötigt ihn aber aus den dargelegten Gründen.

Hobbes definiert den Staat als eine einzige Person, deren Willen im Gefolge der gegen- bzw. wechselseitigen Verträge ihrer aller Wille zur Verteidigung des inneren und äußeren Friedens sei.[24] Dabei handelt es sich um eine künstliche Person, entweder um eine souveräne Versammlung oder einen Monarchen, und diese

---

[23] Ebd. 221, 264-265.

[24] *De cive* V, § 9, praktisch zitiert aus S. PUFENDORF, *De jure naturae et gentium*, II, §13: « Unde civitatis haec commodissima videtur definitio, quod sit persona moralis composita, cujus voluntas, ex plurium pactis implicita et unita, pro voluntate omnium habetur, ut singulorum viribus et facultatibus ad pacem et securitatem communem uti possit. » Die vielen physischen Personen müssen sich zu einer einzigen moralischen Person zusammenfassen, und zwar durch eine Konvention, welche ihre Willen und ihre Kräfte vereint, VII, II, § 6. Die Souveränität kann nach Pufendorf auf eine moralische Person übergehen, und dabei ist es gleich, ob auf eine einzelne physische Person oder auf eine Versammlung. VII, V, § 5.

Person repräsentiert den Staat. Er ist ihn ihr enthalten, so wie ein Schauspieler auf der Bühne eine fiktive Person repräsentiert.[25] "Is autem qui civitatis Personam gerit, summam habere dicitur potestatem."[26] Der Staat ist also in der Person des Königs enthalten.[27] Wenn sich aber das Volk einen König gegeben hat, hört es auf, eine Person zu sein und wird Masse.[28] Überhaupt ist es nach Hobbes unfähig, die fiktive Person des Staates aus eigenen Versammlungen heraus zu repräsentieren.[29]

Etiam plurium hominum fit una Persona, quando repraesentatur ab uno, qui habet a Singulis Authoritatem. Non enim Repraesentati, sed Repraesentatis Unitas est, quae Personam facit esse Unam; neque Unitas alio modo in Multitudine intelligi potest.[30]

Und noch einmal: Bei dieser Person handelt es sich definitiv um eine *personam artificialem*, sie ist ein *corpus fictitium*.[31]

Weil Hobbes ein Rechtsverhältnis zwischen Individuum und Staat ausschließt, wird in der Literatur häufig von einer „absolutistischen Repräsentationstheorie" gesprochen und ihm etwa John

---

[25] Laut R. DERATHÉ stammt der Ausdruck *civitatis personam gerere* aus dem Theater und findet sich bereits bei Cicero. *Leviathan* XVI. Vgl. ALTHUSIUS, *Politica methodice digesta*, 3. Ed., Arnhem 1617, Kap. XVIII, 199: „Ejusmodi universalis huijus symbiosis ac regni administratores et rectores universalis consociationis corpus, seu totum et universum populum, a quo constituti sunt, *repraesentant, ejusque personam gerunt* in iis, quae Reipub. seu regni nomine faciunt, atque minores auctoritate et potestate habentur illis, a quibus sunt constituti, et suam potestatem acceperunt.»

[26] *Leviathan* XVII.

[27] „civitatem in persona regis contineri", *De cive* VI, §13, Anm.

[28] « persona esse desinit », VII, § 12; «*populus* non amplius est *persona* una, sed dissoluta multitudo », § 11.

[29] *Leviathan* XII.

[30] Ebd. XVI.

[31] Ebd. XXII.

Locke (1632-1704) entgegengesetzt.[32] Tatsächlich vertritt Locke einen emphatischen Freiheitsbegriff. Doch auch bei ihm konstituiert ein Gesellschaftsvertrag eine Rechtszwang ausübende Staatsgewalt. Allerdings stellt sich Locke politische Repräsentation als ein Organ der Gemeinschaft der Privateigentümer vor. Anders ausgedrückt, erst politische Repräsentation konstituiert diese Gesellschaft der Privateigentümer. Und wie bei Hobbes wird auch bei Locke die Zustimmung der Repräsentierten einfach unterstellt. Das bei Locke eingeführte Widerstandsrecht der Untertanen gegen ihre Regierung heißt lediglich Recht auf Revolution und bricht den Gesellschaftsvertrag auf. Deren Erfolg oder Nichterfolg entscheidet ganz positivistisch über ihre Legitimität. Das bleibt systematisch unbefriedigend. Wie bei Hobbes ist auch bei Locke kein Rechtsverhältnis zwischen Repräsentierten und Repräsentanten möglich, weder logisch noch praktisch. Institutionelle Zwischenformen können bestenfalls zu vermitteln suchen.

2.3 Rousseau

Jean-Jacques Rousseau (1712-1778) steht in der Tradition von Hobbes und Locke.[33] Er geht ebenfalls von einem Naturzustand aus, den er allerdings als einen Bürgerkrieg *in*, nicht *vor* der Zivilisation als eine Form kruder und unstrukturierter Eigentümergesellschaft beschreibt. Das Problem: « Trouver une forme d'association qui défende et protège de toute la force commune la personne et les biens de chaque associé, et par laquelle chacun s'unissant à tous n'obéisse   pourtant   qu'à   lui-même   et   reste   aussi   libre

---

[32] B. TUSCHLING, 250 ff., weist das Gegenteil nach.
[33] Vgl. grundsätzlich M. LAUNAY, *Le vocabulaire politique de J.-J. Rousseau*, Genève, Paris 1977, sowie R. DERATHÉ, *Jean-Jacques Rousseau et la science politique de son temps*, Paris 1979. Dérathé hat auch den unübertroffenen Apparat der Pleiade-Ausgabe erstellt.

qu'auparavant ».[34] Die Lösung besteht nach Rousseau in folgendem *pacte social* mit einer völligen Selbstentäußerung der Menschen :

Chacun de nous met en commun sa personne et toute sa puissance sous la suprême direction de la volonté générale ; et nous recevons en corps chaque membre comme partie indivisible du tout.[35]

Dieser Pakt schafft einen *corps moral et collectif*, der aus den Mitgliedern der Assoziation besteht und in seiner Einheit ein *moi commun* mit seinem eigenen Leben und seinem eigenen Willen besitzt:

Cette personne publique qui se forme ainsi par l'union de toutes les autres (…) prend maintenant (le nom) de *République* ou de *corps politique*, lequel est appelé par ses membres *État* quand il est passif, *Souverain* quand il est actif, *Puissance* en le comparant à ses semblables. A l'égard des associés ils prennent collectivement le nom de *peuple*, et s'appellent en particulier *Citoyens* comme participans à l'autorité souveraine, et *Sujets* comme soumis aux lois de l'Etat.[36]

Ein und dieselbe derart vergesellschaftete Person ist also mit allen anderen Mitglied des souveränen Staatskörpers, aber zugleich auch dessen Untertan. Genau das macht seine Freiheit aus, zu der er nach dem einmal vollzogenen Gesellschaftsvertrag nunmehr gezwungen wird („forcé d'être libre"). Ein Ausstieg ist demnach nicht möglich, auch wenn eine Person diesen – fiktiven - Gesell-

---

[34] J.-J. ROUSSEAU, *Du Contrat social*, I 6, in der Pleiade-Ausgabe , *OEuvres complètes*, Bd. III, *Écrits politiques*, Paris 1964,, I 6, 360.
[35] Ebd. 361.
[36] Ebd. 362.

schaftsvertrag gar nicht selbst geschlossen hat und nur in ihn hineingeboren wurde.

Für Rousseau gibt es nur *personne morale et collective* und *corps moral et collectif.* Es gibt für ihn keine *personne morale*, die eine *natürliche* Person sein könnte: « Le corps politique n'étant qu'une personne morale, n'est qu'un être de raison; la personne morale qui constitue l'Etat comme un être de raison, parce que ce n'est pas un homme. »[37] Folgen:

1. Der Souverän kann kein Mensch sein, sondern nur eine Versammlung, genauer: die Versammlung des ganzen Volkes.[38] 2. Der allgemeine Wille kann kein individueller Wille sein, auch wenn der allgemeine Wille ein einziger sein muß.

Die *autorité souveraine* wird nach Rousseau unmittelbar auf und durch Volksversammlungen ausgeübt. Als ein Vorbild dient ihm das antike Rom, wo kaum ein Tag vergangen sei, ohne daß sich das Volk beraten habe. Sollte es nicht möglich sein, ein Land auf kleine und überschaubare Dimensionen zu reduzieren (Schweiz, insbesondere Genf, dann Holland, Korsika), so solle man auf eine zentrale Hauptstadt verzichten, die Regierung reihum in jeder Stadt arbeiten lassen und dort ebenfalls die Stände des Landes zu versammeln. Grundsätzlich gilt: „A l'instant que le peuple est légitimement assemblé en corps Souverain, toute jurisdiction du Gouvernement cesse, la puissance éxécutive est suspendue, et la personne du dernier Citoyen est aussi sacrée et inviolable que celle du premier Magistrat, parce qu'où se trouve le Représenté, il n'y a plus de Représentant. »[39]

Diese und die folgenden Überlegungen *Des députés ou réprésentans*[40] werden für die Diskussion in der Französischen Revolution von weitreichender Bedeutung sein. Nach Rousseau haben

---

[37] Ebd., nacheinander III 4, I 6, I 7.
[38] Ebd. I 6, 360.
[39] Ebd. III 14, 427-428.
[40] Ebd. III 15.

Faulheit und Geldverkehr dazu geführt, daß sich die Bürger aus dem unmittelbaren Staatsgeschäft ins Privatleben zurückgezogen haben. Im einzelnen:

L'attiédissement de l'amour de la patrie, l'activité de l'intérêt privé, l'immensité des États, les conquêtes, l'abus du Gouvernement ont fait imaginer la voye des Députés ou Réprésentans du peuple dans les assemblées de la Nation. C'est ce qu'en certains pays on ose appeler le Tiers-Etat. Ainsi l'intérêt particulier de deux ordres est mis au premier et second rang, l'intérêt public n'est qu'au troisième.

La Souveraineté ne peut être réprésentée, par la même raison qu'elle ne peut être aliénée ; elle consiste essentiellement dans la volonté générale, et la volonté ne se réprésente point : elle est la même, ou elle est autre ; il n'y a point de milieu. Les députés du peuple ne sont donc ni peuvent être ses réprésentants, ils ne sont que ses commissaires ; ils ne peuvent rien conclure définitivement. Toute loi que le Peuple en personne n'a pas ratifiée est nulle ; ce n'est point une loi.[41]

Und abschließend noch einmal : « à l'instant qu'un Peuple se donne des Réprésentans, il n'est plus libre ; il n'est plus. »[42] Hier handelt es sich um ein logisch stringent entwickeltes Prinzip, und Rousseau wird nicht müde, auf die „Dummheit" der Engländer zu verweisen, die sich für sieben Jahre Repräsentanten wählen, auf deren Entscheidungen sie dann aber keinen Einfluß mehr haben. Allerdings ist Rousseau an anderen Stellen durchaus pragmatisch. In großen Ländern müsse die Gesetzgebung über Deputierte vollzogen werden, die ein imperatives Mandat besitzen und häufig ausgewechselt werden sollten: „assujetir les réprésentans à suivre

---

[41] Ebd. 429-4230.
[42] Ebd. 431.

exactement leurs instructions et à rendre un compte sévère à leurs constituans de leur conduite à la Diète."[43]

Es existiert aber bei Rousseau eine Differenz zwischen direkt-demokratischem Ideal und realistischer politischer Praxis. Was er über die alten Römer, die alten Griechen und über den Fehler der Repräsentation ausführt, mündet in den „avantage propre au Gouvernement Démocratique de pouvoir être établi dans le fait par un simple acte de la volonté générale ».[44] Das gilt fürs Ideal. Doch schon vorher heißt es : « A prendre le terme dans la rigueur de l'acceptation, il n'a jamais existé de véritable Démocratie, et il n'en existera jamais. Il est contre l'ordre naturel que le grand nombre gouverne le petit et que le petit soit gouverné. On ne peut imaginer que le peuple reste incessamment assemblé pour vaquer aux affaires publiques, et l'on voit aisément qu'il ne sauroit établir pour cela des commissions sans que la forme de l'administration change. » Die demokratische Regierung sei unter allen Regierungsformen am anfälligsten für Bürgerkriege und Selbstbewaffnung. Schlußfolgerung: „S'il y avoit un peuple de Dieux, il se gouverneroit Démocratiquement. Un Gouvernement si parfait ne convient pas à des hommes. »[45]

In der Aristokratie existieren im Unterschied zur Demokatie nicht eine, sondern zwei moralische Personen, nämlich der Souverän und die Regierung – « et par conséquent deux volontés générales, l'une par rapport à tous les citoyens, l'autre seulement pour les membres de l'administration ». Diese « Aufspaltung » resultiert aus einer doppelten Beziehung der *volonté générale*, nämlich auf zwei unterschiedene moralische Personen. Zwar arbeite die Regierung unabhängig, man dürfe aber nie vergessen: „il ne peut jamais parler au peuple qu'au nom du Souverain, c'est-à-dire au nom du peuple

---

[43] Ebd. 978-979.
[44] Ebd. III 12, 434.
[45] Ebd. 404, 405, 406.

même ; ce qu'il ne faut jamais oublier ». Weiter heißt es bei Rousseau : « Il y a donc trois sortes d'Aristocratie ; naturelle, élective, héréditaire. La première ne convient qu'à des peuples simples ; la troisième est le pire de tous les Gouvernemens . La deuxième est le meilleur : c'est l'Aristocratie proprement dite.» Die *magistrats* werden nach einem gesetzlichen Verfahren gewählt und bestehen nur aus einer geringen Anzahl weiser Männer, die sich leichter versammeln können als die Menge.

En un mot, c'est l'ordre le meilleur et le plus naturel que les plus sages gouvernent la multitude, quand on est sûr qu'ils la gouverneront pour son profit et non pour le leur (…). Mais il faut remarquer que l'intérêt de corps commence à moins diriger ici la force publique – sur la règle de la volonté générale, et qu'une autre pente inévitable enlève aux loix une partie de la puissance exécutive.

A l'égard des convenances particulieres, il ne faut ni un Etat si petit ni un peuple si simple et si droit que l'exécution des loix suive immédiatement de la volonté publique, comme dans une bonne Démocratie. Il ne faut pas non plus une si grande nation que les chefs épars pour la gouverner puissent trancher du Souverain chacun dans son département, et commencer par se rendre indépendant pour devenir enfin les maîtres.

Mais si l'Aristocratie exige quelques vertus de moins que le Gouvernement populaire, elle en exige aussi d'autres qui lui sont propres ; comme la modération dans les riches et le contentement dans les pauvres ; car il semble qu'une égalité rigoureuse y seroit déplacée (…). »[46]

Bei Rousseau fällt hier zweierlei auf: Die Konzeption der Volkssouveränität sieht er ideal in der Demokratie oder Volksregie-

---

[46] Ebd. III 5. 406-407.

rung aufgehoben. Da er in dieser jedoch unpraktische Momente und sogar Gefahren wie die Möglichkeit eines Bürgerkriegs erkennt, diskutiert er die möglichen Regierungsformen durch, immer mit Verweis auf – vermeintliche - praktische historische Erfahrungen. Entscheidend daran ist, daß er jeder Regierungsform als grundlegendes Kriterium sozusagen im Ostinato die Volkssouveränität unterlegt. Und hier schneidet die *aristocratie élective* im Vergleich am besten ab und zeichnet sich sogar durch einige Vorteile gegenüber der reinen Volksherrschaft aus. Beide Momente werden in der Französischen Revolution virulent hervortreten.

Auch andernorts geht Rousseau auf politische Repräsentation ein. In seinem ausführlichen Artikel *Sur l'économie politique* behandelt er die Steuerproblematik als Grundlage des Gesellschaftsvertrages :

Il faut se ressouvenir ici que le fondement du pacte social est la propriété, et sa première condition, que chacun soit maintenu dans la paisible jouissance de ce qui lui appartient. Il est vrai que par le même traité chacun s'oblige, au moins tacitement, à se cottiser dans les besoins publics; mais (...) on voit que pour être légitime, cette cottisation doit être volontaire, non d'une volonté particulière, comme s'il étoit nécessaire d'avoir le consentement de chaque citoyen, et qu'il ne dut fournir que ce qu'il lui plait, ce qui seroit directement contre l'esprit de la confédération, mais d'une volonté générale, à la pluralité des voix, et sur un tarif proportionnel qui ne laisse rien d'arbitraire à l'imposition. / Cette vérité, que les impôts ne peuvent être établis légitimement que du consentement du peuple ou de ses représentants, a été reconnue généralement de tous les philosophes et jurisconsultes qui se sont acquis quelque réputation dans les matières de droit politique, sans excepter Bodin même.[47]

---

[47] *Sur l'Économie politique*, III, 269-260. Rousseau verweist in seinem Entwurf auf John Locke, der in seinem *Essay on Civil Gouvernment* XI § 134 und § 140

Bemerkenswert ist hierbei: Es geht bei Steuern um einen Eingriff in das Eigentumsrecht des Privaten, und hier ist *consentement* nötig; aber nicht im Sinne einer Zustimmung jedes Einzelnen, sondern der *volonté générale*, der Mehrheit, und zwar auch durch Repräsentanten.

Im Zusammenhang mit der Verurteilung Rousseaus in Genf wird deutlich, daß es hier zwei weitere Bedeutungen von *représentation* gibt, die ihm durchaus geläufig sind. Es gibt im *Conseil Général* zwei Fraktionen, die des Patriziats und die der restlichen Bourgeoisie, genannt *Représentants* wegen ihres Rechts, *représentations* zu machen, was sie im Falle Rousseaus auch tun. Dieser rechnet die *Réprésentants* zur Elite der *Citoyens* Genfs. Dennoch bleibt er auch hier seiner systematischen Konzeption treu:

Il vous est arrivé, Messieurs, ce qu'il arrive à tous les Gouvernemens semblables au vôtre. D'abord la puissance Législative et la puissance exécutive qui constituent la souveraineté n'en sont pas distinctes. Le Peuple Souverain veut par lui-même, et par lui-même il fait ce qu'il veut. Bientôt l'incommodité de ce concours de tous à toute chose force le Peuple Souverain de charger quelques-uns de ses membres d'exécuter ses volontés. Ces Officiers, après avoir rempli leur commission en rendent compte, et rentrent dans la commune égalité. Peu-à-peu ces commissions deviennent fréquentes, enfin permanentes. Insensiblement il se forme un corps qui agit toujours. Un corps qui agit toujours ne peut pas rendre compte de chaque acte: il ne rend plus compte que des principaux; bientôt il vient à bout de n'en rendre d'aucun. (…)

---

nachhaltig betont, immer brauche es für die Steuern die Zustimmung der größtmöglichen Menge, sei es direkt, sei es indirekt durch von ihnen gewählte Repräsentanten. So erklärt auch Rousseau nochmals, Steuern seien « établis avec l'exprès consentement du peuple ou de ses représentants », III, 278. – Auch andernorts verhandelt Rousseau die Frage der Repräsentation, so im *Émile* (Pleiade IV, V, 840-848) oder in der *Nouvelle Héloise* (Pleiade II, 165).

Enfin l'inaction de la puissance qui veut la soumet à la puissance qui exécute; celle-ci rend peu-à-peu ses actions indépendantes, bientôt ses volontés: au lieu d'agir pour la puissance qui veut, elle agit sur elle. Il ne reste alors dans l'Etat qu'une puissance agissante, c'est l'exécutive. La puissance exécutive n'est que la force, et où règne la seule force l'Etat est dissout. Voila, Monsieur, comment périssent à la fin tous les Etats démocratiques.[48]

2.4. Grand Orient de France

Es ist oft darauf hingewiesen worden, daß der *Contrat social* publizistisch gesehen nicht das erfolgreichste Buch Rousseaus war. Publikumswirksamer waren sicherlich die *Nouvelle Héloïse*, der *Émile*, die *Confessions*. Dennoch, auf einem Gebiet ist ein Einfluß des *Contrat social* im Ancien Régime nicht übersehen: dem Logennetzwerk des *Grand Orient de France*. Noch zu Anfang der zweiten Hälfte des 18. Jahrhunderts, also genau zur Zeit der Erstveröffentlichung des *Contrat social* (1762) wird in den Logen traditionell nach aristokratischen Prinzipien und Patenten gearbeitet, die auf Personen zugeschnitten sind und exklusiv das höfisch-akademische Ritual zu imitieren suchen. Diese Logen geraten ab ca. 1760 durch dezentrale und nicht mehr zu kontrollierende Neugründungen neuer Schichten unter Druck, die der Bourgeoisie (Geschäftsleute, Handel, Manufakturen), der Administration und zunehmend auch dem „besseren" Handwerk zuzurechnen sind.[49] Um

---

[48] *Lettres écrites de la Montagne*, Pleiade II, 689, 803, 815. Weiterhin macht Rousseau selbst noch darauf aufmerksam, daß *représentation* in unterschiedlichen Wortbedeutungen verwendet wird: *Représentations* als Vorstellungen sind in Genf ein Recht. Es sind *remontrances*, gemacht, wie Rousseau betont, von „membres du Souverain à un corps de Magistrature". Insofern handele es sich um eine Art *ordre*. Ebd. 862.
[49] Zur qualitativen und quantitativen Analyse immer noch D. ROCHE, *Le siècle des Lumières*, Paris, La Haye 1978 ; ders., Personnel culturel et représentation

dem Rechnung zu tragen, kommt es 1773 zur „Revolution" des *Grand Orient*, d.h. zu einer umfassenden Organisationsreform. Das geht nicht ohne Kontroversen ab, läuft aber in der Praxis auf ein System von Deputationen aus den Provinzlogen am Pariser *Grand Orient* hinaus.[50]

Die "Revolution" des *Grand Orient de France* von 1773 ist einerseits eine Vereinheitlichung und Zentralierung gegenüber mehrfachen Macht- und Entscheidungsstrukturen der Organisation im Lande. Der Duc de Chartres (späterer „Philippe Égalité") übernimmt die Leitung des Ordens, de Montmorency-Luxembourg wird sein *administrateur général*, und es werden 22 *grands inspecteurs* eingestellt. Das sind praktisch staatsstreichartige Nominierungen. In einem Brief des *Grand Orient de France* an die Loge *L'Égalité de Saint-Jean-d'Angély* vom Februar 1774 heißt es andererseits:

Le Grand-Orient de France (…) vous propose le plan qui lui paraît le plus convenable pour améliorer les abus et rétablir l'harmonie entre toutes les loges de la Nation. Il en résultera l'uniformité dans le gouvernement, la facilité dans la correspondance, la diminution des frais, le soulagement de l'administration qui sera partagée et pour laquelle chaque loge particulière concourrera (…). En un mot, le peuple maçonnique sera rassemblé dans une seule famille dont chaque individu correspondra avec le centre commun (…). Cependant, ce Grand-Orient, loin de faire usage des prérogatives que la Nation lui a confiées, regarde comme la base fondamentale

---

politique de la fin de l'Ancien régime aux premières années de la Révolution, in: E. HINRICHS, E. SCHMITT, R.VIERHAUS, *Vom Ancien régime zur Französischen Revolution. Forschungen und Perspektiven*, Göttingen 1978, 496-515. – Im folgenden wird zitiert nach R. HALÉVY, *Les loges maçonniques dans la France de l'Ancien régime. Aux origines de la sociabilité démocratique*, Paris 1984, 23-25.

[50] G. GAYOT, *La franc-maconnerie française. Textes et pratiques (XVIIIe-XIXe siècles)*, Paris 1981, 92-97. D. LIGOU, Les assemblées qui ont créé le Grand Orient de France (5 mars – 1er septembre 1773), in : *AHRF* 215, 1974.

de l'Ordre et la règle absolue de sa conduite la liberté pleine et entière dont doit jouir chaque loge particulière. En conséquence, il n'ordonne pas mais il prie, il invite à se syndiquer comme il sera dit ci-après (…)."

In einem Rundbrief des *Grand Orient de France* vom 18. März 1775 wird weiter ausgeführt, der Orden sei nur "un corps formé par la réunion des représentants libres de toutes les loges: ce sont les loges elles-memes, ce sont tous les maçons, membres de ces loges, qui, par la voix de leurs représentants, donnent des lois, qui les font observer d'une part, et qui les observent de l'autre. Nul n'obéit qu'à la loi qu'il s'est imposée lui-même. C'est le plus juste, le plus naturel et par conséquent le plus parfait des gouvernements." In diesem System einer Assoziationsrepräsentation wird versucht, möglicherweise ganz in Anlehnung an Rousseau, die Zentralisierung durch Wahl und Deputation auszugleichen. Beispiele des imperativen Mandats sind überliefert, wenn z.B. Logen einen Mandatsträger in Paris nicht mehr als ihren Repräsentanten anerkennen wollen.

2.5. Wörterbücher

In den Wörterbüchern des Ancien régime werden die traditionellen Grundbedeutungen von *représentation* angeführt, die zunächst mehr dem Alltagsleben als der Erkenntnistheorie zuzurechnen sind. So erscheint *représentation* als Synonym für *dessein, image, figure, effigie*: „On doit porter respect à l'effigie du Prince, c'est-à-dire, à la représentation du Prince, soit en relief, soit en plate peinture. Après la mort du Roi & les grands Princes, on expose leur effigie en public, c'est-à-dire, leur représentation en cire. On sert leur effigie pendant quelques jours avec les mêmes cérémonies qu'on a accoutumé d'observer pour leur propre personne quand ils sont vivans.» Gleiches gilt für einen verurteilten, aber flüchtigen Kriminellen : « Pendre un tableau à une potence, dans lequel le criminel qui est en fuite est représenté comme souffrant le supplice auquel il a été condamné (...)." Derjenige, der als *ambassadeur* von seinem Prinzen oder einem souveränen Staat zu einem anderen Prinzen oder souveränen Staat geschickt wird, repräsentiert nicht als Bild, sondern als Person seinen Prinzen oder seinen Staat. Im Erbfolgerecht spricht man von „succéder par représentation" oder „par souches", Gegensatz zu „par têtes". Ein gutaussehender Mann ist „un homme d'une belle représentation". Auch in einem Vortrag oder einem Theaterstück spielt sich *représentation* ab. Bei all diesen Beispielen geht es um die Grundbedeutung von „exhibition, exposition devant les yeux". Allerdings muß in jedem Fall in der Perzeption noch eine mentale Leistung, ein Akt des Erkennens oder – wie im Fall des Botschafters – des Anerkennens hinzutreten, um die Repräsentation funktionieren zu lassen. Das gilt auch für den höflichen Umgang, allerdings in der Hierarchie von unten nach oben: Représentation „signifie aussi, Remontrance respectueuse. Permettez-moi de vous faire ma représentation, mes représentations." Die Perspektive ist hier die des (sich) einer anderen Person gegenüber Vorstellens, von der erwartet oder erhofft wird, daß sie dementsprechend reagiert und die Vorstellung akzeptiert.[51]

Zunächst zu den weiteren Begriffsfeldern um *représentation* im Ancien régime:

Im *Furetière* (1690) wird man unter *députer, déléguer, représenter* fündig.

- *Déléguer* wird erklärt als „commettre", „donner autorité de juger ou de faire quelques procédures", insbesondere im

---

[51] *Académie*, Art. *Image, Dessein, Effigie, Crucifix, Chapelle, Ambassadeur, Souche, Spectacle, Représentation. Représentations* sind ebenfalls Darlegungen oder Denkschriften, Berichte über Mißstände und ihre Abhilfe, Vorschläge, Pläne. – *Trévoux*: « me représenter » = "comparoir en personne". – Vgl. die Übersicht über die Wörterbücher im *HPSG* 1/2, 1-25 und 147-148.

judikativen und exekutiven Bereich. Dabei wird ausdrücklich festgehalten: "Les Juges commis ne peuvent pas instrumenter au delà de ce qu'est porté à leur délégation." Dem Delegierten sind somit enge Grenzen vorgegeben, außerhalb derer er keine *autorité* mehr besitzt, welche grundsätzlich beim *commetant* verbleibt und letztlich unveräußerlich ist.

- *Députation* erscheint als "envoy de quelques personnes choisies dans un Corps vers un Prince, ou une Assemblée, pour traîter en son nom de ses affaires, ou pour les poursuivre en Justice". Députer ist darüber hinaus bzw. ausführlicher noch jener *envoi* "pour luy [sc. le Prince ou l'Assemblée] rendre ses devoirs & sousmissions, pour luy représenter ses besoins, luy faire ses remontrances, pour faire & négocier ses affaires, assister à quelques délibérations, ou autres choses semblables". Als besonderes Beispiel wird hier das Alte Reich angeführt: "Tous les Princes d'Allemagne ont *député* à la Diette." Festzuhalten bleiben hier einerseits das Moment der Wahl der Deputierten aus einem Corps heraus und andererseits die weitgehende Gleichgültigkeit der Deputation zu einem Prince oder einer Assemblée.

- Die Definition von *députer* enthält bereits die intendierte Aktivität des *représenter*. Dieses wird umgekehrt wiederum auf députer verwiesen: *Représentation* sei eine "peinture qui se fait par le discours d'une action, ou d'une histoire vraye ou fausse"; (die Möglichkeit einer falschen Darstellung einzubeziehen, ist zumindest bemerkenswert). Beispiel: "Les Députez de la Province ont fait une belle *représentation* de ses malheurs, de ses troubles, & de ses nécessités." *Représenter* wird weiterhin in Anlehnung an die *députation* erklärt als "faire connaître les choses par les paroles, & par les gestes", was eben ausdrücklich auch andere als nur oratorische Fähigkeiten beinhaltet, weiterhin als "remonstrer, tâcher à persuader". Kurioserweise wird hier aber ein *corps* als Beispiel herangezogen, das schlechterdings nicht durch *députation* oder *délégation* konstituiert wird: "Le Parlement a *représenté* au Roy, a remonstré les conséquences de cet Edit."

Richelet bleibt im gleichen Rahmen, allerdings erscheint die Verknüpfung der Begriffe etwas enger:

- *Délégation* ist eine "Commission donnée à quelque juge", und ein *délégué* findet im *député* sein Synonym.

- *Députer* wird zu "Envoier quelques particuliers vers quelque Grand, pour lui dire quelque chose de la part de tout un corps", während für *députation* offensichtlich Furetière aufgegriffen wird - "Envoi de Députés vers un prince, ou à quelque Assemblée"; Beispiel: "Il leur demanda le sujet de leur députation."

- Für *représentation* wird auf *présenter* verwiesen, wo lakonisch "exhiber, exposer devant les yeux" aufgeführt werden. Immerhin ist von Leuten die Rede "chargé(s) de quelque procuration spéciale".

- *Commune* findet sich aufgenommen als "Le corps des habitants d'un bourg ou d'un village", wobei als Beispiel die Praxis der Versammlung ins Spiel kommt: "Assembler les communes". Vom Stadtrecht ist jedoch keine Rede.

In der *Table analytique* wird im Umkreis von politischer Repräsentation nur ein Artikel unter dem Titel *REPRESENTANTS* aufgenommen, die Begriffe représentation und representer fehlen. Zunächst baut der Autor einen Kontrast zwischen Asien und Europa auf: In Asien sei der Chef einer Nation alles, die Nation selbst nichts; weiter heißt es: "Mais en Europe, les habitans plus belliqueux que les Asiatiques, sentirent tout le tems l'utilité qu'une nation fût représentée par quelques citoyens." Daran schließen sich Überlegungen darüber an, "Comment devroient être composées les assemblées nationales, pour être utiles & justes":

D'ailleurs un état n'est heureux que lorsque le souverain maintient entre les différentes classes de citoyens, un juste équilibre, qui empêche chacune d'entr'elles d'empréter sur les autres. Ainsi chacune a droit d'exposer ses besoins, ou de choisir ses représentans qui les exposent." Nachsatz: "Un représentant ne peut s'arroger le droit de faire parler à ses constituans un langage opposé à leurs intérêts; & ceux-ci ont toujours le droit de démentir & révoquer des représentans qui les trahissent.

Wenn hiermit Akzente gesetzt und eine Qintessenz gezogen werden soll, dann ist der Artikel der *Table analytique* in mehrfacher Hinsicht aufschlußreich. Zunächst wird die Technik politischer Repräsentation in einen negativen Zusammenhang mit den europäischen Bürgerkriegen des 16. und 17. Jahrhunderts gestellt. Weiterhin kennt der Autor *assemblées*, welche die *nation* repräsentieren, also *assemblées nationales*, und die *citoyens* zusammengesetzt sind, die allerdings nicht verschiedenen *Ständen*, sondern Gesellschafts*klassen* entstammen. Repräsentation dient dazu, in den *assemblées nationales* die konkreten *besoins* und *intérêts* der Bürger darzulegen, und der Repräsentant darf diesen nicht entgegenhandeln. Der *souverain* endlich - und damit ist hier der Monarch gemeint - ist gehalten, die *assemblées* derart zusammenzusetzen, daß zwischen den verschiedenen Klassen bzw. ihren Interessen ein Zustand des Gleichgewichts hergestellt wird.

Hier mag bereits angemerkt werden, daß Sieyès dieses Modell des Gleichgewichts ausdrücklich ablehnen wird. Allerdings ist auch sein souverain ein anderer, nämlich das Volk als Nation. Insofern situiert sich dieser Artikel auf einer Position zwischen feudaler Interessenvertretung mit monarchischem Interessensausgleich und Volkssouveränität mit nationaler Repräsentation

Dies alles findet sich auch in der *Encyclopédie*, und zwar ausführlicher unter *aigle, confrontation, costume, effigier, reconfrontation, remontrance,* mehrere Artikel zu *représentation* im künstlerischen und juristischen Sinn. Neu ist *représentation* für die geographisch-kartographische Darstellung im Artikel *carte*. Hinzu treten juristische Spezifizierungen wie bei *ainesse, bâtonnier, noblesse par les armoiries*, eine politische zu *étiquette*. Erkenntnistheoretische Überlegungen zu *représentation* werden in den Artikeln *phantasma, connoissance, être imaginaire, idées, pensée, symbole, transubstantiation*. Weiterhin wird der Begriff auch im wirtschaftlichen Bereich verwendet, so in *agriculture, change, commerce, diamant, oeconomie*. Zunächst soll es nur um die Artikel gehen, die über *Académie* hinausreichen, und das sind eben diejenigen erkenntnistheoretischer und ökonomischer Art.

In der ersten Kategorie wird die mentale Imagination theoretisch diskutiert, so etwa der Sensualismus eines Hobbes, wobei auf eine „ambiguité du terme de représentation" hingewiesen wird, mit der Hobbes spiele. (Art. *Phantasma*) Unter *connoissance* wird auf die Konformität zwischen einer Sache und ihrer Repräsentation abgehoben. „L'idée est de sa nature & de son essence une image, une représentation. Or toute image, toute représentation suppose un objet quel qu'il soit. (...) Or cet objet possible est ou interne, ou externe.» Und weiter : « ETRE IMAGINAIRE, c'est une espece de représentation qu'on se fait de choses purement abstraites, qui n'ont aucune existence réelle, ni même possible. (...) Une telle notion imaginaire met à la place du vrai une espèce d'*être*, qui le représente dans la recherche de la vérité ; c'est un jetton dans le calcul, auquel il faut bien prendre garde de ne pas donner une valeur intrinseque, ou une existence réelle. » Kurz und bündig heißt es : « La *pensée* en général est la représentation de quelque chose dans l'esprit, & l'expression est la représentation de la *pensée* par la parole. » Und zu *représentation* : « image, peinture de quelque chose qui sert à en rappeler l'idée. » In diesen Artikeln wird, anders als in *Académie*, wo es um die reelle Vertretung einer Sache oder einer Person durch eine andere Sache oder eine andere Person geht, auf die mentale Leistung von Vorstellung abgezielt, ob es sich um die „Erinnerung" einer Sache, einer Person oder einer Idee handelt und ob letztere nun einen „realen" Bezug besitzt oder nicht. Umgekehrt wird in den verschiedenen Beiträgen deutlich, daß ohne diese mentale Leistung keine Repräsentation möglich ist, daß vielmehr diese jene zwingend erfordert.

Hiervon wird im wirtschaftlichen Bereich gleichsam die Probe aufs Exempel gemacht. Die Edelmetalle „devirent la représentation de la richesse". (Art. *agriculture*) Die Artikel *commerce* und *lettre de change* verweisen auf den ausführlichen Beitrag *change*. Dort wird erklärt: „la lettre de *change* tirée par Jacques de Londres sur Antoine de Paris étoit tellement le signe des métaux , que Paul de Paris, à qui elle a été envoyée, a réellement reçu 10 marcs d'argent en la représentant.» Ein Wechselbrief ist demnach nichts anderes als die « représentation des métaux » oder « d'un certain poids d'or ou d'argent ». Weiterführender noch: „Les hommes étant convenus que l'or & l'argent seroient le signe des marchandises, & depuis ayant inventé une représentation des métaux mêmes, ces métaux devinrent marchandise ; le *commerce* qui s'en fait est appellé *commerce d'argent* ou *du change*.» « Cette nouvelle représentation de la mesure des marchandises facilita les échanges.» (Art. *commerce*) An anderer Stelle kommt ein ästhetisches Moment hinzu : « De toutes les matieres dont les hommes sont convenus de faire la représentation du luxe & de l'opulence, le *diamant* est la plus précieuse : les métaux les plus purs, l'or & l'argent, ne sont que des corps bruts en comparaison du *diamant*.» Repräsentation von Reichtum durch die Edelmetalle Gold und Silber ist durch eine Übereinkunft zwischen den Menschen möglich geworden. Darüber hinaus können – ebenfalls über wechselseitige Anerkennung – die Repräsentanten Gold und Silber noch einmal durch Wechselbriefe repräsentiert werden. Hierbei handelt es sich also um eine potenzierte mentale Abstraktionsleistung von Repräsentation.

Politische Repräsentation wird nicht unter *représentation* abgehandelt, sondern – nach *représentant* („celui qui représente une personne du chef de laquelle il est héritier ») unter dem langen Artikel *représentans*. Der Autor des Artikels ist nicht ermittelt.[52] Interessanterweise ist *représentans* der Orthographie Rousseaus im *Contrat social* nahe, und andere Bilder und Wendungen aus Rousseau werden in dem Artikel ebenfalls aufgenommen, auch wenn der argumentativ anders ausgerichtet ist. Er besitzt eine offene Struktur mit mehreren Ein- und Ausgängen und beginnt zunächst mit einer Definition, die dann unmittelbar politisch aufgefächert wird:

Les représentans d'une nation sont des citoyens choisis, qui dans un gouvernement tempéré sont chargés par la société de parler en son nom, de stipuler ses intérêts, d'empêcher qu'on ne l'opprime, de concourir à l'administration.

Dans un état despotique, le chef de la nation est tout, la nation n'est rien ; la volonté d'un seul fait la loi, la société n'est point représentée. Telle est la forme du gouvernement en Asie, dont les habitans soumis depuis un grand nombre de siecles à un esclavage héréditaire, n'ont point imaginé de moyens pour balancer un pouvoir énorme qui sans cesse les écrase. Il n'en fut pas de même en Europe, dont les habitans plus robustes, plus laborieux, plus belliqueux que les Asiatiques, sentirent de tout tems l'utilité & la nécessité qu'une nation fût représentée par quelques citoyens qui parlassent au nom de tous les autres, & qui s'opposassent aux entreprises d'un pouvoir qui devient souvent abusif lorsqu'il ne connoît aucun frein. Les citoyens choisis pour être les organes, ou

---

[52] Der Artikel wird in der Literatur mehrfach ohne weitere Begründung umstandslos Diderot zugeschrieben, so E. SCHMITT, *Repräsentation und Revolution*, München 1969. Demgegenüber argumentiert J. LOUGH, *The Encyclopédie of Diderot et d'Alembert*, Cambridge 1954, XVI-XV, daß der Autor d'Holbach sei; ebenso R. DARNTON, *L'aventure de l'Encyclopédie*, Paris 1982, sowie M. NAUMANN (Hg.), *Artikel aus Diderots Enzyklopädie*. Leipzig 1972, 916. Belegt wird dabei kurioserweise nichts. Die CD-ROM-Ausgabe von Redon, Marsanne, verzichtet auf eine Zuordnung dieses Artikels.

les représentans de la nation, suivant les différens tems, les différentes conventions & les circonstances diverses, jouirent de prérogatives & de droits plus ou moins étendus. Telle est l'origine de ces assemblées connues sous le nom de dietes, d'états-généraux, de parlemens, de senats, qui presque dans tous les pays de l'Europe participerent à l'administration publique, approuverent ou rejetterent les propositions des souverains, & furent admis à concerter avec eux les mesures nécessaires au maintien de l'état.

Dies wird nicht weiter ausgeführt oder erläutert. Gleich anschließend setzt der Autor die folgenden historischen und systematischen Ausführungen noch einmal in Kontrast und Gegensatz zu *Asien* und zur *Türkei*, beides despotisch regierte Gesellschaften ohne Teilnahme und Anteilnahme der Bevölkerung. Demgegenüber bestehe in Europa eine politische Kultur der *assemblées*. Diese Versammlungen können unterschiedliche Formen annehmen. Der Autor nennt hier *diète, états-généraux, parlemens, sénats* und bezeichnet sie als eine europäische Einrichtung die „participerent à l'administration publique, approuverent ou rejetterent les propositions des souverains, & furent admis à concerter avec eux les mesures nécessaires au maintien de l'état». In einer reinen Demokratie, so wird weiter ausgeführt, könne man nicht von Repräsentation reden. Das liegt in der Tat in der Logik der Ausgangsdefinition und liefe auf eine Tautologie hinaus: „mais dès que le peuple a choisi des magistrats qu'il a rendu dépositaires de son autorité, ces magistrats deviennent ses *représentans* ; & suivant le plus ou le moins de pouvoir que le peuple s'est réservé, le gouvernement devient ou une aristocratie, ou demeure une démocratie.» Das ist sozusagen eine logisch-historische Ableitung von Repräsentation aus einem Zustand der reinen Demokratie.

Was folgt, ist eine Bestandsaufnahme. In einer absoluten Monarchie ist der Souverän der einzige Repräsentant seiner Nation, und seine Entscheidungen werden als deren Willen angesehen. In gemäßigten Monarchien hingegen ist der Souverän nur „dépositaire () de la puissance exécutrice, il ne représente sa nation qu'en cette partie, elle choisit d'autres *représentans* pour les autres branches de l'administration.» Als Beispiele werden England, Schweden und Deutschland angeführt. Für Frankreich heißt es : « La nation française fut autrefois représentée par l'assemblée des états-généraux du royaume, composée du clergé & de la noblesse, auxquels par la suite des tems on associa le tiers-état, destiné à représenter le peuple. Ces assemblées nationales ont été discontinuées depuis l'année 1628.» Bemerkenswert ist ist, daß weit vor Sieyès hier davon die Rede ist, daß der Dritte Stand das Volk repräsentiere und daß die Generalstände lange vor 1789 schlichtweg als Nationalversammlung bezeichnet werden.

Deutlich zielt der Begriff der Repräsentation in zwei Richtungen. Zum einen ist es immer wieder *parler au nom de*, wobei davon ausgegangen wird, daß der Sprecher selbst die Interessen dessen, den er vertritt, am eigenen Leibe kennt, es also auch seine eigenen Interessen sind. Zum anderen heißt *représenter* in dem Artikel auch immer wieder *se faire entendere* oder *se faire écouter*, und zwar gegenüber oder *par le souverain*. Der wiederum ist deutlich kein Abstraktum, sondern eine menschliche Person, ein Monarch, und er wird als *impartial* gewünscht. Die *nation* ist *avec le souverain*, was auch umgekehrt gelten soll.

Nation wird qualitativ und quantitativ aufgegliedert. Der Adel wird - nach außen, aber auch nach innen - als kriegsführende Personengruppe dargestellt, ein unruhiges, unstabiles, Regierung, Eigentum und Wirtschaft störendes Element der Gesellschaft. Die Geistlichkeit interessiere sich "für den Himmel", arbeite auch wissenschaftlich "aufgeklärt", sei *propriétaire* und besitze das Vertrauen der Bevölkerung. Die wiederum stelle die Mehrheit der Nation dar, doch erscheint sie nicht als ein einheitlicher, homogener Stand. Es werden regelmäßig aufgeführt Juristen und

Personen der Verwaltung (*magistrats*), Kaufleute, *agriculteurs*, was auf den unternehmenden Grundbesitzer zielt, und daneben wird ab und zu noch der Industrielle der *manufacture* genannt. Das alles nimmt physiokratische Elemente auf, ohne sich jedoch mit dem physiokratischen Reproduktionsschema im einzelnen auseinanderzusetzen und daraus Kriterien etwa der Produktivität zu ziehen. Es scheint lediglich vage das quantitative Argument und das der *utilité* auf. Gleichzeitig findet eine begriffliche Verschiebung von *état* zu *ordres* und schließlich zu *classes* statt, was von der dargestellten Sache her - mit dem Gewicht der Zahl, der Funktionen und der Nützlichkeit - das ständische Schema überlagert und differenzierend auflöst.

Mehrfach taucht im Zusammenhang der Repräsentation die bereits bei Rousseau bekannte Figur des *s'expliquer sans tumulte* auf. Auch dies zielt in die beiden genannten Richtungen, einerseits die Wahl der Repräsentanten, anderseits deren Art und Weise, die Interessen zu vertreten, also zu sprechen und sich - dem Souverän gegenüber - (an)hören zu lassen. Repräsentanten müssen folglich *les plus éclairés, les plus intéressés* sein und zugleich eine unmittelbare Bindung an die Nation besitzen. Die grundbesitzenden *propriétaires* sind es ihrer Position nach gleichsam natürlicherweise.

Der Bezug auf das Eigentum ist in dem Artikel struktiv, und zwar argumentativ gleich in mehrere Richtungen:
- *Propriété* ist nicht das ausschließliche, aber doch ein quantitativ wie qualitativ entscheidendes Element der *utilité* der Gesellschaft.
- Kein Interesse anderer Stände/Orden/Klassen solle über das der *propriétaires* dominieren, auch wenn Adel, Geistlichkeit, Beamte durchaus gesellschaftliche Funktionen ausüben.
- Eigentum bindet unmittelbar und gleichsam natürlich an die Interessen der Nation, und deshalb können und sollen nur Eigentümer die Interessen der Nation unmitelbar repräsentieren.

53

- Die Repräsentation der Interessen der Nation soll arithmetisch im direkten Verhältnis zur Eigentumsstruktur der Gesellschaft stattfinden.

- Gesetze und Verfassung - die positive Antwort des Souverän auf die Interessenvertretung - sollen soziale Ruhe und damit Eigentum, Produktion und Distribution sichern und vor *oppression* des Eigentums und der Personen schützen.

- Als drohende Feinde einer solchen eigentumssichernden Ordnung werden der traditionell nach außen und innen kriegslüsterne Adel sowie unruhestiftende Volksverführer genannt (Beispiele: die Guise des 16. und der Cromwell des 17. Jahrhunderts), die im Interesse der Nation zu sprechen vorgeben.

Politische Repräsentation erscheint derart als eine aufgeklärte Absicherung gegen alte und neue Formen der Demagogie und des Bürgerkriegs. Bemerkenswerterweise übernimmt der Autor das inzwischen aus der europäischen Diplomatie bekannte Argument des Gleichgewichts in seine Argumentation. Durch das dargelegte Modell der Vertretung sei es möglich, sonst dominierende Interessen - gedacht ist wohl an nicht eigentumsgebundene - auszugleichen, Gegengewichte zu setzen, die Interessen auszubalancieren. Wie das im einzelnen geschehen soll, bleibt unklar. Die entsprechenden Funktionen fallen jedoch offensichtlich den Repräsentanten und dem unparteiischen Souverän zu.

Der historische Einstieg des Artikels geht von Plinius-Zitaten über die Germanen aus. Demnach hätten die Aristokraten über die unwichtigen laufenden Geschäfte, aber *alle* in Versammlungen über die wesentlichen Dinge zu entscheiden. Diese Germanen nun – wie bei Montesquieu „sortis des forêts de la Germanie" - unterwerfen die Völker Europas und treten das Erbe des römischen Reiches an. Als kriegerischer Adel wollen sie die jeweilige Nation repräsentieren. Die intellektuell und administrativ überlegene Geistlichkeit tritt hinzu. Sie besitzt Güter und - zumindest anfangs - das Vertrauen des Volkes. Das wiederum wird differenziert nach *magistrats*, also Männern des Rechts und der Verwaltung, weiterhin nach Kaufleuten, Agrariern und Industriellen.

Die Bildung der Repräsentanten (*éclairés*) läuft immer irgendwie und ungeklärt mit ihrem Eigentum mit. Beim Adel ist von beidem gar nicht erst die Rede. Die Feudalität ist die Anarchie des Adels gegen Nation und Souverän. Repräsentation ist der Ausgang aus der Feudalität im Interesse von Nation und Souverän. Niemand könne gegen seinen Willen vertreten werden, und niemand könne die Interessen einer anderen Klasse vertreten, insbesondere aus dem ersten und dem zweiten Stand nicht die der Agrarier, Kaufleute und Industriellen. Ebenso solle das Amt des Repräsentanten zeitlich begrenzt sein.Unklar ist die Position der *constituans*. Sie werden erst im nachhinein, gleichsam logisch zwingend eingeführt (denn Repräsentanten setzen *constituans* voraus). Da es aber um Interessenvertretung geht, handelt es sich offenbar ebenfalls um Eigentümer. Der Autor benutzt nicht die Begriffe der *mandataires*, *délégués*, *commis*, *députés*. Für *représentants* werden hier keine Synonyme aufgeführt und verwandt, wie dies in der späteren, streitbaren Publizistik der Revolutionszeit geschieht.

Zum Schluß des Artikels wird auf die Möglichkeit eines Ausgleitens, eines Abirrens hingewiesen: wenn die Repräsentanten die Interessen ihrer *constituans* nicht vertreten, diese täuschen oder schlicht deren Stimmen kaufen. Hier führt der Autor die Begriffe der untreuen und verräterischen Repräsentanten ein. Regelmäßige Wahlen könnten solche Fehlentwicklungen verhindern bzw. ausgleichen.

Der Artikel bedient sich traditioneller Elemente. Repräsentation ist Vertretung einer Person, Sprechen in deren Namen, ihre Interessen vertreten, sich in diesem Sinne beim Souverän hören lassen, von dem eine günstige, unparteiische Entscheidung eben im Interesse der Vertretenen erwartet wird. Repräsentation ist hier also ganz im Sinne des alten "vorstellig werden" gemeint. Interessen sind nicht die der ganzen Nation oder des Volkes, noch nicht einmal die eines Standes, sondern die einer bestimmten Klasse. Dieser muß der Interessenvertreter selbst angehören, um seine Aufgabe existentiell erfüllen zu können. Eine synthetisierende Entscheidung im Interesse der gesamten Nation muß dann vom Souverän getroffen werden, der als Monarch vorgestellt wird. Ein weiteres traditionelles Element ist das der *assemblées*. Dabei geht es um zwei verschiedene Ebenen: die Versammlung der *constituans*, welche die Repräsentanten wählen, und die Versammlung der Repräsentanten sowohl derselben wie der unterschiedlichen Gesellschaftsklassen.

Neu ist der Übergang vom Dreiständesystem zu einem Klassensystem auf nationaler Ebene. Dabei werden die Stände nach Kriterien der Funktionen, der Nützlichkeit und des Eigentums aufgelöst und neu bestimmt. Die Klassen des *Tiers* werden nicht wieder zu einem ständischen Gesamtinteresse zusammengeführt. Gemeinsam ist den Agrariern, Kaufleuten und Industriellen lediglich ihr Interesse als Eigentümer gegenüber den Interessen des Adels (Krieg), der Geistlichkeit (Himmel) und der *magistrats* (Verwaltung). Der *représentant* als *magistrat* übt in diesem Artikel eine besondere Funktion aus: „le magistrat dans un état bien constitué devint un homme considéré, & plus capable de prononcer sur les droits des peuples, que des nobles ignorans & dépourvus d'équité eux-mêmes, qui ne connoissoient d'autres droits que l'épée, ou qui vendoient la justice à leurs vassaux.» Es geht um « des lois équitables qui assurent les propriétés & les droits de chaque citoyen, & qui les mettent à couvert de l'oppression ».

Und weiter, immer noch im Rahmen der Monarchie : « le souverain impartial doit écouter les voix de tous ses sujets (…); mais pour que ses sujets s'expliquent sans tumulte, il convient qu'ils ayent des *représentans*, c'est-à-dire des citoyens plus éclairés que les autres, plus intéressés à la chose, que leurs possessions attachent à la patrie, que leur position mette à la portée de sentir les besoins de l'état, les abus qui s'introduisent, & les remedes qu'il convient d'y porter. » Es sind die von Rousseau zitierten weisen Männer, allerdings unter Berücksichtigung ihres Privateigentums.

Gegen Ende des Artikels findet sich ein Absatz, der Schablone für eine ganze Literatur der Revolution sein könnte:

Les *représentans* supposent des constituans de qui leur pouvoir est émané, auxquels ils sont par conséquent subordonnés & dont ils ne sont que les organes. Quels que soient les usages ou les abus que le tems a pu introduire dans les gouvernemens libres & tempérés, un *représentant* ne peut s'arroger le droit de faire parler à ses constituans un langage opposé à leurs intérêts ; les droits des constituans sont les droits de la nation, ils sont imprescriptibles & inaliénables ; pour peu que l'on consulte la raison, elle prouvera que les constituans peuvent en tout tems démentir, déavouer & révoquer les *représentans* qui les trahissent, qui abusent de leurs pleins pouvoirs contre eux-mêmes, ou qui renoncent pour eux à des droits inhérens à leur essence ; en un mot, les *représentans* d'un peuple libre ne peuvent point lui imposer un joug qui détruiroit sa félicité ; nul homme n'acquiert le droit d'en représenter un autre malgré lui.

Politische Repräsentation ist hier also die Figur der ständischen Interessensvertretung unter der Bedingung der Auflösung der Stände in korporationsartigen "ordres" und weiter in Klassen nach professionellen Funktionen und Eigentumsstrukturen, das Ganze ist als Gleichgewicht der Klassen vorgestellt. Man mag sich fragen, wie diese Figur zustandekommt. Sicherlich spielt die Unterdrückung der Generalstände seit 1614, also viele Generationen hindurch, hier hinein. Nur auf lokaler, regionaler und provinzialer Ebene bleiben Ständevertretungen erhalten, auch wenn sich hier ebenfalls Erosionserscheinungen bemerkbar machen. Auf nationaler Ebene hingegen ist die Praxis der Dreiständevertretung und eines gemeinsamen Interesses nicht mehr vorhanden.

Interessant ist auch, was in dem Artikel *nicht* enthalten ist. Es findet sich kein Hinweis auf kommunale und provinziale Repräsentationsformen. Auf die Parlements-Debatte wird nicht eingegangen. Der Autor spricht von *nation*, aber nicht von *peuple*. Der *souverain* ist weder *nation* noch *peuple*, sondern der Monarch, gegebenenfalls als Exekutive. Es gibt nur Interessen der verschiedenen *classes* der Gesellschaft, aber kein nationales Gesamtinteresse. Die Figur eines *corpus fictum*, seit langem in Kontinentaleuropa bekannt, kommt ebensowenig vor wie Vertrags- oder Naturrechtsvorstellungen. Überhaupt fehlt ein konsistentes Konzept, ein systematischer Entwurf. Der Artikel ist, gemessen am bereits seit langem erreichten Stand der politischen Diskussion des Ancien régime, ausgesprochen atheoretisch und inkohärent. Mit anderen Worten, er ist, nur wenige Jahre vor der Revolution, nicht auf der Höhe seiner Zeit und erreicht nicht das Niveau der Rousseau, Linguet, Condorcet, Sieyès, um nur einige einschlägigen Publizisten zu nennen.

Auf der anderen Seite sind in dem Artikel praktisch alle Elemente, Versatzstücke, Theoreme der früheren und insbesondere der späteren Diskussionen, Konflikte und Auseinandersetzungen vorhanden, oder sie lassen sich zumindest ohne Schwierigkeiten inter- oder extrapolieren, weiterentwickeln bzw. einfügen. Doch scheint die theoretische Inkohärenz für den Autor, die Herausgeber und Redakteure der *Encyclopédie* und auch für die Leser kaum ein bemerkenswerter Mangel zu sein. Das spricht für seine pragmatische Orientierung an der gängigen gesellschaftlichen Praxis, die an vielen Stellen durchscheint, und für eine zeitgenössisch akzeptable Plausibilität.Wohl gerade weil es keine theoretische Kohärenz gibt, sind semantisch so ziemlich alle Elemente alter und neuer Repräsentation vorhanden, auch (selbst)widersprüchlich und paradoxal. Das bereitet offensichtlich keine Probleme, solange die gesellschaftliche Praxis mehr oder weniger reibungslos läuft. Die verlangt durchaus keine systematische Stringenz der sie begleitenden Theorie. Erst mit der Einberufung der Generalstände und der folgenden Revolution wird eine solche semantische Gemengelage zum explosiven Pulverfaß.

Der Artikel verweist in seinem Plädoyer für politische Repräsentation gleichsam im Ostinato auf eine Konstante als negative Referenz: Anarchie, Bürgerkrieg, Unterdrückung von Freiheit und ruhiger Entfaltung der Person und ihres Eigentums. Eine andere Konstante ist die nachhaltig hervorgehobene Differenz europäischer politischer Repräsentation zur asiatischen oder türkischen Despotie.

Représentation politique besitzt also zunächst zwei Konnotationen, welche einerseits in den kognitiven und andererseits sowohl in den kirchenrechtlichen wie in den privat- und enger noch familienrechtlichen Bereich verweisen. Es sind dies Bereiche der gesellschaftlichen Praxis, welche seit Jahrhunderten und teilweise hoch kontrovers diskutiert worden sind. Diese Diskussionen haben sich ihrerseits in Textkorpora niedergeschlagen, welche gemeinsame Bezugsorte und Quellen für das Personal darstellen, welches sich im Ancien régime mit Fragen des Rechts beschäftigt und im politischen Geschehen der Revolution deutlich überrepräsentiert ist. Auf dem *politischen* Feld bestimmt sich *représenter- représentation* in wechselnden Konstellationen zu *députer-députation, déléguer-délégation, commettre-commettant- commis-commission, procurer-procuration, exhiber, exposer, faire connaître, remonstrer, tâcher à persuader, intérêts, besoins, malheurs, nécessités.*

2.6 Amerikanische Revolution

Die nordamerikanische Revolution der 13 englischen Kolonien mitsamt dem Unabhängigkeitskrieg gegen England und der Gründung der nordamerikanischen Republik (1776-1787) ist ein einziges Experimentierfeld für politische Repräsentation, das sich sowohl auf die englische und die kontinentaleuropäische Diskussion bezieht als auch umgekehrt von dieser rezipiert wird, und zwar insbesondere in Frankreich bis weit in dessen Revolution hinein. Ein Ausgangspunkt jener Revolution ist die Steuerlast für die Kolonien bei ausschließlich virtueller Repräsentation im englischen Parlament, ohne Wahlbeteiligung der Kolonien, deren stillschweigende Zustimmung vorausgesetzt wird. „No taxation without representation" ist eine Basisparole des Aufstands gegen London - John Locke läßt grüßen. Bei einer solchen Ausgangslage verwundert es nicht, daß politische Repräsentation zu einer innenpolitischen Kernfrage für die Nordamerikaner wird. Im Aufstand wird von ihnen zunächst die Position vertreten, man halte sich schließlich nur an die historischen Regeln der englischen Verfassung. Virtuelle Repräsentation wird zunächst nicht grundsätzlich abgelehnt, lediglich das Fehlen einer Repräsentation der Kolonien. Die Amerikaner seien insofern bessere Verteidiger des Parlaments als die Engländer selbst.[53]

Die Mehrzahl der ersten Staatsverfassungen führt traditionell *senates* oder *upper houses* ein, die für ein aristokratisches Moment stehen, sowie Unterhäuser mit gewählten Repräsentanten, in denen oft schon ein demokratisches Prinzip angesprochen wird. Die *representatives* sollten in andauerndem Kontakt mit ihrer Bevölkerung stehen und deren Interessen gleichsam abspiegeln: „The principal difficulty lies, and the greater care should be employed, in

---

[53] Zum gesamten Kontext der Repräsentationsdiskussion immer noch: A. und W.P. ADAMS, Die Amerikanische Revolution und die Verfassung 1754-1791, München 1987.

constituting this representative assembly. (...) It should be in miniature an exact portrait of the people at large. It should think, feel, reason, and act like them."[54] Sicherlich wird die Republik als ein großer *moral body* konzipiert. Doch gleichzeitig wird aus den Erfahrungen mit England und aus dem daraus resultierenden Mißtrauen gegenüber Senat und Regierung auf permanenter Beteiligung der Bevölkerung bei der Gesetzgebung bestanden – „the Right to legislate is originally in every Member of the Community".[55] Nur herrscht Konfusion in der Frage vor, wie dieses Recht realisiert werden kann.

In einigen Staaten wie in Philadelphia sind radikale Strömungen besonders aktiv, die sich gegen Konstitutionen alten Stils mit Zweikammersystem und starkem Präsidenten richten, der an den englischen König erinnert. Die *radicals* oder *republicans* praktizieren – in Anlehnung an kirchlichen Gemeindeverfassungen - Formen der direkten, unmittelbaren Demokratie und mißtrauen denen der Repräsentation alten Stils.[56] Demgegenüber argumentieren die *federalists* für die Amerikanische Verfassung, daß das Volk besser durch eine natürlichen, von Besitz, Ausbildung und Kultur geprägte Aristokratie repräsentiert werde als durch Männer, deren Kenntnisse kaum über den Kreis ihrer Freunde und Bekanntschaften hinausgehe.[57] Die *antifederalists* hingegen sehen nicht nur Präsident und Senat, sondern auch das Repräsentantenhaus weit vom gemeinen Mann entfernt: „men may be appointed who are not representatives of the people".[58] Darüber hinaus wird über die doppelte, gespaltene oder konkurrierende Souveränität gestritten. Ein Mann wie James Wilson hält dagegen: Die höchste Gewalt im Staate ist und bleibt beim Volk, und die staatlichen Institutionen sind nur zeitlich und

---

[54] G.S. WOOD, *The creation of the American Republic*, New York 1969, 165.
[55] Ebd. 164.
[56] Ebd. 227 ff.
[57] Ebd. 496.
[58] Ebd. 522.

sachlich begrenzte Emanationen dieser höchsten Gewalt und beileibe kein Vertrag zwischen Regierten und Regierung.[59] Von daher ist, anders als in den revolutionären Verfassungen der nordamerikanischen Staaten, in der Bundesverfassung auch keine besondere *bill of rights* mehr nötig. Was im Ergebnis als völlig neu empfunden wird, ist die Etablierung politischer Repräsentation als institutionelles System, wobei die Souveränität ganz beim empirischen Volk bleibt und die Repräsentanten nur begrenzte Teile davon auf Zeit zum Regieren, zur Gesetzgebung und zur Kontrolle erhalten. Auch Exekutive und Judikative speisen sich aus derselben Quelle. Doch erst dadurch, daß das empirische Volk von *jeder* Regierungstätigkeit einschließlich der Gesetzgebung ausgeschlossen ist, bleibt es die höchste Gewalt im Staate. Immerhin bleibt die Vertragsfigur erhalten: „But in America, the *People* have had an opportunity of forming a compact *betwixt themselves*; from which alone, their rulers derive all their authority to govern."[60]

In der Auseinandersetzung mit dem englischen Parlament und der Krone, aber auch in einer heftigen inneramerikanischen Diskussion kommt es zur Entdeckung der Möglichkeit einer politisch-semantischen Neubelegung alter Begriffe: „all authority of every kind *is derived by* REPRESENTATION *from the* PEOPLE *and the* DEMOCRATIC *principle is carried into every part of the government*."[61] *People* meint hier durchgehend die Bevölkerung aller empirischen Individuen, nicht wie in Europa „something else more difficult to define".[62] Ein kontinentaleuropäisches und englisches *corpus mysticum* ist damit pragmatisch ausgeklammert und eliminiert. Es wird durch einen gemeinsamen Gottesbezug ersetzt, den die nordamerikanischen Kirchen und Sekten bereits aus ihren Pres-

---

[59] Ebd. 530 ff.
[60] Ebd. 601.
[61] Ebd. 603-604.
[62] Ebd. 607. Die nordamerikanische Urbevölkerung kommt bei den Einwanderern in dieser Frage nicht in den Blick.

byterialverfassungen kennen. Und ebenso pragmatisch wird Repräsentation als Delegation, als zeitlich begrenzte Interessenvertretung
verstanden.

Tatsächlich treffen hier mehrere Momente zu einem Kompromiß zusammen: lokale konfessionelle und politische Basisdemo-
kratie, Mißtrauen gegenüber Autorität von außerhalb oder von
oben, zumindest in der breiten Öffentlichkeit eine unzureichende
Kenntnis kontinentaleuropäischer politischer Theorie, zugleich
Wille und Notwendigkeit erst von Staatsverfassungen, dann einer
Bundesverfassung. Der Begriff *representation* wird zum Angel-
punkt einer politischen kopernikanischen Wende und einer neuen
Konzeption politischer Technik. Amerika beruhe völlig auf dem
System der Repräsentation und sei derart „the only real republic in
character and practise, that now exists".[63] Und genau mit diesem
politischen Gepäck wird ein Thomas Paine ins (vor)revolutionäre
Frankreich kommen, um dort die Vorzüge der neuen Technik politischer Repräsentation anzupreisen.

2.7 Sieyès

So wie Rousseau in seiner Theorie legitimer Herrschaft durch
Vergesellschaftung Hobbes und Locke folgt, darin aber auch –
zumindest der „reinen Lehre" nach - seine Ablehnung jeder Art von
Repräsentation außer für die Exekutive in bestimmter Negation zu
Hobbes ausarbeitet, so vertritt eine Generation später der Abbé
Emmanuel Joseph Sieyès (1748-1836) gegen Rousseau ein
positives gesellschaftliches System politischer Repräsentation,
ohne allerdings zu Hobbes zurückzukehren. Diese neue Theorie

---

[63] Ebd. 595. Vgl. auch *The federalist papers,* New York 1971, und J.T. MAIN,
The antifederalists. Critics of the Constitution (1781-1788), New York 1961,
sowie die einschlägige Bibliographien im aktuellen *Harvard guide to American
History*, Cambridge/Mass., und in der laufenden *AHR*.

gehört zu den "highlights" der Revolutionsperiode, wird theoriegeschichtlich als ihr "Schlüssel" begriffen und stellt bereits im Bewußtsein der Zeitgenossen einen Gegenpol zu Rousseau dar.[64] Um beide Positionen organisieren sich lockere und offene politische Gruppierungen, welche daraus eklektisch tagespolitischen Argumente und Theoreme erfinden. Tatsächlich schlägt der Abbé, als Kirchenrechtler juristisch geschult, eine intellektuelle Brücke vom europäischen Ancien Régime zur Französischen Revolution und über sie hinaus.

Sieyès' Kernthese lautet, daß Repräsentation kein notwendiges Übel großer Staaten sei und daß sie auch nicht das Ende der Freiheit nach sich ziehe, sondern ausdrücklich deren Beginn und ihr Fundament darstelle. Er tritt zunächst mit einem Pamphlet an die Öffentlichkeit, das zu Beginn der Revolution bahnbrechend wirkt, heiß diskutiert wird und ihn mit einem Schlag landesweit bekannt macht.[65]

Es sind mehrere Momente, welche Sieyès in seiner Broschüre zusamenführt: die sozial- und politikwissenschaftliche Argumentation, das überpositive, unveräußerliche Recht der Nation, die Ersetzung der Privilegien durch abstraktes Recht, welches das als "natürlich" angesehene Privateigentum in gleicher Weise schützt, die Aufhebung des virtuellen Bürgerkriegs zwischen dem Tiers und dem Adel durch die Rücknahme der Stände in die Gesellschaft - der erste Stand erscheint dem Abbé gar nicht als ein Stand, sondern

---

[64] J.-D. BREDIN, *Sieyès, la clé de la Révolution française*, Paris 1988. Richtungsweisend ist immer noch P. BASTID, *Sieyès et sa pensée*, 2. Ausgabe Paris 1970. Grundlegend auch M. FORSYTH, *Reason and Revolution. The political thought of the abbé Sieyès*, New York 1987, sowie R. MARQUANT, *Les archives Sieyès*, Paris (Imprimerie nationale) 1970. Die Autoren verweisen in der Repräsentationsfrage regelmäßig von Sieyès auf Mably und Condorcet. Vgl. R. REICHARDT, *Reform und Revolution bei Condorcet. Ein Beitrag zur späten Aufklärung in Frankreich*, Bonn 1973.

[65] E.J. SIEYÈS, *Qu'est-ce que le Tiers État ?*, Paris 1982 (1. Ausgabe anonym erschienen im Januar 1789, gefolgt von vier weiteren Ausgaben im selben Jahr).

als ein spezielles Dienstleistungsunternehmen -, nicht zuletzt das konsequente Prinzip der politischen Repräsentation, das über die Techniken der Versammlung und der Wahl durch *commetants* Delegierte zu Mandatsträgern (*commis*) macht. Konnte Louis XIV den *parlements* gegenüber noch behaupten, "la nation ne fait pas corps en France, elle réside tout entière dans la personne du roi",[66] so stellt für Sieyès die Versammlung der Repräsentanten des Volkes gerade "la nation en corps" dar. Damit löst er auch das Argument der Rasse, des Blutes, der Familiengeschlechter des Adels und der Könige auf (das des exklusiven Kriegsdienstes kommt sowieso kaum noch ernsthaft in den Blick), woran bislang die Identifikation der *nation* hing; denn der *Tiers* bilde bereits nicht nur eine komplette lebensfähige Nation für sich, sondern in ihm hätten sich auch alle Rassen derart vermischt, daß sich durch Abgrenzung keine *nation* ableiten könne.

Sieyès' Erfolg besteht in einer Dynamisierung des Begriffs des *Tiers état*. Mit dem Stand wurde immer die Ständeversammlung mitgedacht, außerhalb derer er eigentlich nicht in Erscheinung treten kann. Hieraus erklärt sich gerade die Forderung nach Einberufung der *états généraux*. Der argumentative Trick des Abbé besteht in drei Wendungen:

- Er eröffnet der Diskussion zunächst eine sozialwissenschaftliche Perspektive. Während die ersten beiden Stände relativ kleine und leicht über ihre Privilegien bzw. durch ihre spezifischen Dienstleistungen zu definierende Gruppen sind, die sich sozusagen selbst vertreten können, steht der *Tiers* - wie schon bei Rousseau - stellvertretend für ein ganzes Volk, eine Nation - jedoch nur der *Sache*, nicht der realen *politischen Form* nach. Genau diese Differenz erweitert Sieyès zum weitertreibenden Widerspruch.

---

[66] Bei Louis XV heißt es : Mon conseil n'est ni un corps ni un tribunal séparé de moi : c'est moi-même qui agit par lui. » *Histoire de la France. L'État et les pouvoirs*, Paris 1989, 238, 243.

- Da der *Tiers* das Volk darstellt, kann er sich selbst zur *assemblée nationale* erklären. Dies wäre dann die politische Existenz der Nation, worin diese sich zunächst in aller Freiheit eine eigene Verfassung geben kann. Später sollen dann andere Repräsentanten zur Legislative gewählt werden. Verfassung und Gesetze stehen über den empirischen Individuen des Volkes, nicht jedoch über der Nation; hier tritt eine Differenzierung zwischen Volk und Nation ein, welche der rousseauschen zwischen *volonté de tous* und *volonté générale* entspricht. Die *einzelnen* Repräsentanten sind nur die sachlich gebundenen und zeitlich befristeten *commis* ihrer Wähler, des *peuple*, doch alle Delegierten als *nation en corps* schaffen die *nation* als Verfassung und als Gesetz.

- Wesentliches Moment der Repräsentation bleiben für Sieyès die Techniken der Versammlung und der Wahl, von denen allerdings junge Leute, Frauen, Abhängige (etwa Domestiken), Nichtseßhafte, Nichtnaturalisierte ausgeschlossen bleiben sollen. Wählbarkeit erscheint bei ihm umgekehrt an die Existenz von Privateigentum gebunden. Dieses ist eine Grundbedingung für ökonomisch-soziale Unabhängigkeit, disponible Zeit, für Bildung und für aktive politische Interessen.

Nachdrücklich wendet sich der Abbé dagegen, England, wie es Mode sei, zum politischen Vorbild Frankreichs zu erklären. Das gilt mutatis mutandis auch für die Vereinigten Staaten von Amerika. Er führt dagegen eine ganze Reihe von Gründen an. Der vielleicht wichtigste ist - neben dem desolaten Zustand der öffentlichen Meinung und der permanenten Zerstrittenheit der Parteien - die Tatsache, daß die beiden Kammern und der König zusammen Repräsentanten der Nation sein wollen, ohne daß es dafür ein hinreichendes Wahlverfahren gebe, welches ihnen einen Delegationsauftrag gebe: "où est la procuration lorsqu'il n'y a pas éléction libre et générale?"[67] Wenn England im 17. Jahrhundert

---

[67] SIEYES, a.a.O., 62 (nach der 2. Auflage).

seinen eigenen *lumières* gefolgt sei, so müsse Frankreich denen des ausgehenden 18. Jahrhunderts folgen. Auf der Insel herrsche ein dauernder Kampf zwischen dem aristokratischen Ministerium an der Macht und der ebenfalls aristokratischen Opposition. Während der König sich immer an die stärkere Partei halte, unterstütze das Volk die schwächere, um nicht völlig unterdrückt zu werden. Besser als ein solches Gleichgewicht der Kräfte (*balance des pouvoirs*), welches so wichtig genommen werde, sei es aber, wenn das Volk durch *véritables représentants* seine Angelegenheiten selbst direkt in die Hände nehme. Dieses System sei einfacher und folge klareren Prinzipien als die bloß modische Anglomanie in der französischen *opinion*.[68]

"La nation existe avant tout, elle est l'origine de tout, sa volonté est toujours légale; elle est la loi même. Avant elle et au-dessus d'elle il n'y a que le droit naturel."[69] Für Sieyès ist die Nation ein präexistentes, kontinuierliches Wesen, eine "sorte de corps mystique dont le principal caractère est de constituer un être abstrait et mystérieux".[70] Die Souveränität geht nicht einfach vom König auf das Volk über, sondern auf dieses *corpus fictum*. Dessen einzig möglicher Ausdruck findet sich in der Artikulation der *assemblée des représentants de la nation*. Anders könne die Nation gar nicht sprechen.[71] Einen alternativen Ausdruck des *voeu national*, etwa durch den *appell au peuple* durch den König oder jemand anderen, weist der Abbé als unlogisch zurück. Wichtig ist dabei, daß die Form der *assemblée* gewahrt bleibt; außerhalb ihrer sei der Delegierte kein Repräsentant.[72] Obwohl Sieyès die

---

[68] Damit wird insbesondere die "englische Partei" um Necker, Condorcet und anderen gemeint sein.

[69] Ebd. V.

[70] Nach J. ROELS, *Le concept de représentation politique au dix-huitième siècle français*, Louvain, Paris 1969, 93.

[71] Ebd. 94; Sieyès, 7.9.1789; Barnave, 10.8.1791: "La puissance législative ne commence qu'au moment où l'assemblée générale des représentants est formée."

[72] Ebd. 95, Roederer, Journal de Paris, 12.8.1795.

Volkssouveränität und die Delegation nicht wie Rousseau als ein auf Individuen bezogenes Recht ansieht,[73] stellt er es doch als *propriété inaliénable* der *communauté* hin: "elle n'en peut que commettre l'exercice".[74] Allerdings finden sich in *Qu'est-ce que le Tiers-État* auch ausgesprochen rousseauistische Derivate. Danach handelt die *assemblée représentative d'une nation* exakt so, wie diese handelte, wenn sie sich selbst versammelte; und die *volonté d'une nation* ist das Resultat der „volontés individuelles, comme la nation est l'assemblage des individus".[75]

Sieyès ist stark von der französischen Physiokratie und von der schottischen Aufklärung, insbesondere aber von Adam Smith beeindruckt, vor allem von dessen Prinzipien der Arbeitsteilung, welche die Produktivität erhöhe, des Strebens der Individuen nach Glück, des Privateigentums als Voraussetzung und Basis dieses Glücks, aber auch der Klassengesellschaft. Geschichtlich habe sich nach der rohen Demokratie eine produktivere Arbeitsteilung durchgesetzt, der natürlicherweise auch eine politische Arbeitsteilung entspreche. Deshalb sei direkte Demokratie auch in kleinen Staaten unpraktikabel.[76] "C'est comme si l'on voulait prouver aux citoyens qui ont besoin d'écrire à Bordeaux par exemple, qu'ils conserveront mieux toute leur liberté, s'ils veulent se réserver le droit de porter leurs lettres eux-mêmes (…)."[77] Repräsentation hingegen erhöhe die Freiheit der Individuen: Sie könnten ihren privaten, wirtschaftlichen Geschäften nachgehen, vergeudeten keine Zeit, könnten vielmehr das politische Geschäft den von ihm gewählten Männern anvertrauen, welche einer *classe*

---

[73] So Pétion, 17.11.89, auch Mirabeau, ROELS 100.

[74] *Tiers* V.

[75] *Tiers* VI, auch V.

[76] *Observations du 2 octobre 1789 sur le rapport du comité de constitution, Paris 1789*, 33-35.

[77] 2 Thermidor An III, nach ROELS, 114-115.

aisée angehören,[78] über genügend Muße disponieren, für die Politik hinreichend gebildet sind und nicht zuletzt - ihres Privateigentums wegen - auch eine bedeutende Motivation für das Staatsinteresse mitbringen. Die Repräsentanten sollten keine materiellen Vorteile aus ihrer Arbeit gewinnen, müßten häufig gewechselt und durchgängig kontrolliert werden. Das direkte Mandat sei abzulehnen, weil es die Einheit der Nation, welche die Versammlung der Repräsentanten darstelle, gefährde. Allerdings bleibt der souveräne Wille des Volkes grundsätzlich bei diesem selbst, auch wenn es sich den Gesetzen beugen muß, welche die Versammlung der von ihm gewählten Repräsentanten beschließt. Der Abbé unterstellt schlicht den Wunsch der Repräsentierten, repräsentiert zu werden und die Entscheidungen der Repräsentanten zu akzeptieren: "La très grande pluralité de nos concitoyens n'a ni assez d'instruction ni assez de loisir, pour vouloir s'occuper directement des lois qui doivent gouverner la France; leur avis est donc de nommer des représentants, et puisque c'est l'avis du grand nombre, les hommes éclairés doivent s'y soumettre comme les autres."[79]

Zusammengefaßt : Für Sieyès gibt es durch Repräsentation so etwas wie politische Arbeitsteilung mit den gleichen Vorteilen wie für die wirtschaftliche; beide ergänzen einander. Zugleich wird von ihm eine Klassenteilung der Gesellschaft als gegeben unterlegt. Das Repräsentationssystem ist ein Expertensystem, bestehend aus Männern, die über Bildung, Qualifikation, Vermögen und Muße verfügen. Die Einheit der Nation wird praktisch als logische Gegebenheit vorausgesetzt, und die *Assemblée nationale*

---

[78] Das Konzept der *classe disponible* lehnt sich an das der *classe stérile* bzw. *stipendiée* von A.R.J. TURGOT und F. QUESNAY an, geht aber in der Frage der gesellschaftlichen Produktivität politisch darüber hinaus.
[79] 7.9.1789. Sieyès übernimmt offensichtlich DE LOLME, *Constitution de l'Angleterre*, II/5: „La multitude, par cela seul qu'elle est une multitude, est incapable d'une résolution réfléchie.» ROELS 116.

manifestiert sie. Von daher verbieten sich alle Formen eines imperativen Mandats, da dies eine Zerstückelung der Einheit bedeutete. Die *Assemblée nationale* steht der unorganisierten Bevölkerung gegenüber und stellt es als nationale Einheit „Volk" dar. Die primären Wahlversammlungen müssen nicht, können aber und sollten jene Einheitsversammlung bestätigen. Dabei ist es nicht nötig, daß wirklich jeder einzelne dem zustimmt. Anders als bei Rousseau, wo jeder einzelne gezwungen werden kann und muß, frei und das heißt vergesellschaftet zu sein, kann bei Sieyès jeder den Staatsverband verlassen, wenn er ihm nicht mehr angehören will.

Mit diesen grundlegenden Thesen und Argumenten steigt Sieyès in die kontroversen revolutionären Debatten ein, und er steht dort nicht unangefochten. Bei konkreten Anlässen präzisiert das politische Personal der Revolution seine Positionen, so auch der Abée. Diese Auseinandersetzungen werden unten wieder aufzugreifen sein.

3. „Wilde" populäre Semantik und konkurrierende Repräsentationen

3.1 Einleitung

Die *gepflegte* Semantik politischer Repräsentation hat ihre geschichtlichen Außen- und Praxisbezüge, insbesondere die Erfahrung der europäischen Bürgerkriege, aus der die länderübergreifende Frage nach Formen legitimer Herrschaft gespeist wird.

Dabei bleibt aber die persönliche politische Teilnahme der Autoren an diesen Konflikten in der Regel ausgeklammert oder wird allenfalls gesondert abgehandelt. Hobbes etwa geht der Geschichte des englischen Bürgerkrieges im *Behemoth* unabhängig und neben seinen systematischen Traktaten wie dem *Leviathan* nach, die eine innere, übergeschichtliche und statische Systematik aufweisen sollen, auch unabhängig vom Trauma des Bürgerkriegs, das den Anstoß dafür gegeben hat. Historische Verweise beziehen sich auf den griechisch-römischen Literaturkanon, wie etwa bei Montesquieu und Rousseau, und weit weniger direkt auf die zeitgenössische moderne politische Geschichte. Erst im vorrevolutionären Frankreich schlagen aktuelle Fragen durch, so etwa bei Linguet und Sieyès. Doch auch bei ihnen überwiegt und bestimmt immanente logische Stringenz den Diskurs.

Die *„wilde"* und volkstümliche Semantik politischer Repräsentation ist unsystematisch bzw. auf der Suche nach einer eigenen Logik, individuell und kollektiv. *Peuple* ist zugleich Subjekt *und* Objekt dieser Diskurse. Dabei bedienen sie sich unterschiedlicher und gegensätzlicher Versatzstücke gepflegter Semantik, die sowohl dem Ancien Régime (und noch weiter zurückliegender Formationen) als auch der modernen, zeitgenössischen Semantik verpflichtet sind. Es wäre zu einfach, die populäre Semantik schlicht an der gepflegten messen zu wollen. Vielmehr muß es gerade darum gehen, die spezifische Diversität herauszustellen. Möglich erscheint dies historiographisch durch drei einander unterstützende Hilfsmittel. Erstens ist eine zumindest grobe chronologische Ordnung vorzugeben. Nicht jedes (Teil-) Argument hat in jeder Phase des Ancien Régime, der Revolution, des Nach-Thermidor und der Restauration dieselbe Wertigkeit, denselben Ko- und Kontext. Zweitens ist dieser an spezifische politische und soziale Praktiken des Moments gebunden, die sich durchaus unterscheiden. Das verweist auch auf Unausgesprochenes, aber Mitgedachtes. Und drittens sollten möglichst die verschiedenen – direkten und indirekten – Quellen, aber auch die spontanen semantischen Produktionen dargelegt werden können, die teilweise in erstaunlichen, anscheinend unkontrollierbaren Kettenreaktionen ablaufen. Hierbei geht es nicht um eine ruhige Gemengelage, sondern um eine politisch-semantische Dynamik, die von der gepflegten Semantik, welcher Art auch immer, offensichtlich nicht eingeholt wird, zumindest nicht in direkter Konfrontation. Denn *diese* Semantik bedarf in der Regel keiner immanenten theoretischen Stringenz. Vielmehr ist sie außen- und insbesondere praxisorientiert und gewinnt erst dadurch ihre Kohärenz. Der Verweis auf das politische Geschehen und auf die Aktion schaffen in der Kommunikation der Revolution Plausibilität und Evidenz des Diskurses und machen seinen Erfolg aus. Deswegen kommt er mit eklektischen Stücken aus der gepflegten Semantik aus, benutzt sie als Steinbruch, wählt aus, verwirft und ignoriert anderes, wie es gerade paßt, und dies aus zweiter, dritter, vierter, fünfter Hand. Hier treten die *Vermittler* zwischen gepflegter und „wilder" Semantik hinzu, deren Funktion es ist, Teile der originalen gepflegten Semantik politisch vorzusortieren, zu popularisieren und revolutionär gegen sie selbst zu wenden bzw. wenden zu lassen.

Dabei tauchen nicht nur im Diskurs, sondern in handgreiflicher politischer Aktion *konkurrierende Formen politischer Repräsentation* auf, die sich gegen die Repräsentanten der Nationalversammlung, ihre Arbeit und ihre Entscheidungen richten: Kommunen, Distrikte, Klubs, Föderierte, Wahlversammlungen. Von deren Praxis her wird die „reine Lehre" permanent ausgehöhlt und infragegestellt, was die Abgeordneten wiederum verunsichert. Gegen eine solche konkurrierende Praxis ist die gepflegte Semantik mehr oder weniger hilf- und vor allem machtlos. Deren Vertreter können zwar immer wieder versuchen, den Repräsentanten der Nationalversammlung durch theoretische Aufklärung den Rücken zu stärken. Angesichts der vielfältigen und handgreiflich konkurrierenden Repräsentationsformen aber gehen sie in Deckung und tauchen unter, um der direkten Konfrontation bzw. physischen Aggression auszuweichen. Sie hätten auch keine Chance, weil die „wilde" Semantik unmittelbar an politische Aktion gekoppelt ist und beide einander wechselseitig bedienen. Und insofern *ist* jene volkstümliche Semantik politische Praxis und nur als solche zu verstehen. Ohne diese revolutionäre Praxis fiele der Diskurs in sich zusammen.

3.2 Begriff und Praxis: Politisch-semantische Dynamik

3.2.1 Cahiers de doléance

Als für 1789 die Generalstände erstmals nach 175 Jahren wieder einberufen werden, folgt man landesweit der praktisch vergessenen Tradition der *cahiers de doléance*, in denen nach Ständen und einigen Korporationen - wie etwa der Universität von Paris - getrennt soziale und politische Zustandsberichte und Forderungen formuliert werden. Zugleich werden in nach Ständen und Regionen unterschiedlichen Verfahren Abgeordnete für die Generalstände gewählt, um die Texte persönlich zu vertreten. Traditionell kann der Mandatsträger nicht über den Inhalt der *cahiers* hinausgehen oder ihn verändern. Das wird oft in den Heften selbst ausdrücklich stipuliert.[80]

Mit der Einberufung der Generalstände wird die gepflegte Semantik von *représentation* mit einer bis dahin unbekannten politischen Dynamik aufgeladen und muß sich von den revolutionären Ereignissen messen lassen. Bis dahin wurde das korporatistische Verständnis von König, Adel und Versammlungen zur Diskussion und in Frage gestellt. Nunmehr geht es um die Revolution selbst, um ihre Worte, um ihre Diskurse, um ihre Praktiken. Den Akteuren und Beobachtern ist durchaus bewußt, daß es sich um einen Diskurswechsel handelt und daß die Interpretationshoheit und Besetzung von Worten politische Macht beinhaltet. Dabei geht es sowohl um die Definition von Begriffen politischer Praxis und die Konnotation ihrer Worte, als auch um die Denunziation eines falschen Wortgebrauchs als *abus des mots*. Insofern ist die Revolution wesentlich auf Sprache und auf ihre semantischen Erklärungen angewiesen und ist sie erst durch die Erschöpfung ihrer Diskurse beendbar.

Die Vertreter der gepflegten Semantik mischen hierbei von Anfang bis Ende kräftig mit. Es beginnt bereits mit der Abspaltung und Verselbständigung der Deputierten des Dritten Standes. Dabei ist die sozioprofessionelle Zusammensetzung der *Assemblée* zu berücksichtigen. Die überwältigende Mehrheit ihrer Mitglieder sind Juristen, und zwar oft beider Rechte. Hier ist die Kenntnis der Geschichte des Kirchenrechts durchaus nicht von Schaden für die gesellschaftstheoretischen Diskussionen, ganz im Gegenteil. Wie

---

[80] Beispiele und Quantifizierungen bei G. SHAPIRO, J. MARKOFF, *Revolutionary Demands. A Content Analysis of the Cahiers de Doléance of 1789*, Stanford/Cal. 1998.

die Protokolle zeigen, handelt es sich bei diesen Männern allerdings keineswegs durchgängig um hochrangige Theoretiker vom Schlage eines Sieyès.[81] Doch die berufliche Erfahrung hat sie für den Umgang mit den Rechten sozialisiert und befähigt sie zum Operieren mit rechtlichen Abstraktionen, und zwar leichter als andere Berufgruppen.

Sieyès schlägt zunächst vor, die Versammlung zu nennen: *Assemblée des Représentants connus et vérifiés de la Nation française*. Mirabeau hält dem entgegen: « Le titre de "représentants connus et vérifiés" est-il bien intelligible? Frappera-t-il vos commetants?" Zudem entbrennt eine heftige Diskussion um den Begriff des *peuple*, der zugleich zu viel und zu wenig umfasse (so Target und Thouret).[82] Am 17. Juni wird schließlich der Titel *Assemblée nationale* durchgesetzt.[83] Am 23. Juni erklärt der König die Erklärungen des Tiers - der *Assemblée nationale* - für nichtig. Wenn die Repräsentanten nicht zu den *Etats généraux* zurückfänden, bedeute das: "seul je ferais le bien de mes peuples; seul je me considérerais comme leur véritable représentant; et connaissant vos Cahiers, connaissant l'accord parfait qui existe entre le voeu le plus général de la Nation, et mes intentions bienfaisantes, j'aurais toute la confiance que doit inspirer une si rare harmonie."[84] Derart ist zu Beginn der Revolution alles vertreten : die traditionelle Position des Königs, der die *cahiers de doléance* der Stände – seine „peuples" im Plural - synthetisiert und damit die Nation repräsentiert; die Position eines Sieyès, der die Deputierten

---

[81] Vgl. *Orateurs de la Révolution française I. Les Constituants*, Paris 1989.

[82] J.-D. BREDIN, *Sieyès. La clé de la Révolution française*, Paris 1988.

[83] 144. - Es stellt sich die Frage, aus welchen Gründen Sieyès nicht selbst den Terminus eingebracht hat, den er in seinem Pamphlet bereits vorgeschlagen hatte. „De toutes les qualifications possible, celle d'Assemblée nationale conviendrait le mieux à la plénitude de nos droits et celle de représentants connus et vérifiés convient le mieux à l'incertitude de notre position, ou plutôt à l'esprit de paix et de ménagement qui nous anime. » 16. Juni 1789, nach BASTID, 68.

[84] Ebd. 152.

des Dritten Standes seiner demographischen Mehrheit wegen zu Repräsentanten der Nation uminterpretiert; eine dritte Position, die sich darum sorgt, ob eine solche Abstraktion der Bevölkerung gegenüber überhaupt zu vermitteln sei. Eine vierte Position zu *représentation* schält sich schon bald mit den Distrikten und *communes* sowie in den diversen Klubs und anderen Assoziationen heraus. Diese Differenzen funktionieren insgesamt als Motor der Revolution.

Bemerkenswert sind die gegensätzlichen Positionen des Königs und des Adels zur Frage des imperativen Mandats. In der *ordonnace royale* vom 24.1.1789 heißt es: "les pouvoirs dont les députés seront munis devront être généraux et suffisants pour proposer, remontrer, aviser et consentir, ainsi qu'il est porté aux lettres de convocation".[85] Ein halbes Jahr später : "Le Roi casse et annule come anticonstitutionnelles, contraires aux lettres de convocation et opposées aux intérêts de l'Etat, les restrictions de pouvoirs qui en gênant la liberté des députés aux Etats Généraux, les empêcheraient d'adopter les formes de délibération. (...) Sa Majesté déclare que, dans les tenures suivantes d'Etats Généraux, elle ne souffrira pas que les cahiers ou les mandats puissent jamais être considérés comme impératifs. Ils ne doivent être que de simples instructions, confiées à la conscience et à la libre opinion des députés dont on aura fait le choix."[86] Hier wehrt sich also der Monarch gegen die Hemmnisse des imperativen Mandats und versucht es zugunsten eines allgemeineren Interesses, das er letztlich selbst synthetisieren will, aufzuheben. Zugleich jedoch schafft er damit genau die Voraussetzung einer *assemblée nationale*.

Beim Adel und bei der Geistlichkeit bleibt die Vorstellung des imperativen Mandats dagegen noch fest verankert. Der Comte d'Antraigues, Vermittler zwischen dem Adel und dem Tiers,

---

[85] Art. 45.
[86] *Déclaration royale*, 23.6.1789, Art. 3 und 6; ROELS, 123.

76

schreibt in seinem *Mémoire sur les Etats Généraux*: "Quand la nation, assemblée en Etats Généraux, ne peut être réunie que par ses représentants, il s'établit aussitôt une loi qui est (...) le palladium de nos libertés. C'est que la nation elle-même reste maîtresse de tous ses pouvoirs; c'est dans les assemblées où elle élit ses représentants qu'elle prononce son voeu. Ses représentants ne sont que les porteurs des ordres de leurs commenttants, et ne peuvent jamais s'en écarter."[87] Dem wird entgegnet, unter diesen Umständen könne die *assemblée* nicht arbeiten, denn die *baillages* würden schon vorher die Meinung der *assemblée* festlegen und diese durch ein Veto verwerfen, wenn sie dem Einzelinteresse widerspräche. Folglich: "Ce n'est pas nous qui, en annulant les clauses impératives, excéderons nos pouvoirs; ce sont les commettants qui ont excédé les leurs."[88] Schon Montesquieu hatte das imperative Mandat als unpraktisch verworfen und auf das Beispiel des Reichstags verwiesen; zwar werde damit aufs deutlichste die Stimme der Nation ausgedrückt, aber zugleich sei das Verfahren langwierig, kompliziert und führe nicht zu schnellen Entscheidungen - "toute la force de la nation pourrait être arrêtée par une caprice".[89]

Es zeigt sich also, daß das imperative Mandat tatsächlich zunächst eine Forderung der privilegierten Stände nicht nur gegenüber dem Monarchen, sondern auch gegenüber der *assemblée nationale* ist. Daß dieselbe Forderung dann auch von den Anhängern der Demokratie kommt, kann die Ablehnung nur noch verstärken. Und daß der König als Vertreter eines ungebundenen Mandats in dieser Gemengelage nicht nur Teil der politischen

---

[87] O.O. 1788, p. 20, nach ROUSSEAU, *Pologne*, Kap. VII, 979; ders., *Adresse à l'ordre de la noblesse de France*, o.O. 1792, 18: "Ce fut moi qui le premier développai dans un *Mémoire sur les Etats Généraux*, la doctrine de nos ancêtres sur les mandats impératifs et la soumission absolue qui leur était due par les députés." ROELS, 124.
[88] BARERE, 7.7.1789.
[89] *Ésprit des Lois*, XI 6.

Repräsentation sein solle, sondern auch unter Umgehung der *assemblée* direkt an das Volk appelieren können solle, so wie dieses unmittelbar an ihn, trägt nicht gerade zur politisch-begrifflichen Klärung bei.

3.2.2 Konkurrierende politische Repräsentationen: districts, communes, clubs révolutionnaires, fédération

Gleich zu Beginn der Revolution bilden sich neben der Nationalversammlung mit dieser konkurrierende Versammlungen, welche ebenfalls beanspruchen, die Nation oder das Volk zu repräsentieren, und dieser nach der „reinen Lehre" unhaltbare Zustand wird bis zum Thermidor andauern.

Zunächst geht es darum, daß – im übrigen völlig legitim – die Kommunen und Distrikte eigene Wahlversammlungen gleichsam naturwüchsig organisieren, um etwa Richter und Leute der Verwaltung zu bestimmen. Bemerkenswert ist dabei, daß bei manchen dieser Wahlversammlungen auch Frauen und manchmal sogar Minderjährige (unter 25 bzw. 21 Jahre alt) teilnehmen können.[90] Für sich genommen ist das alles nicht weiter aufregend. Die Sachlage ändert aber dramatisch dadurch, daß einige Kommunen ein kommunikatives Netzwerk errichten und zudem nicht nur öffentlich deklarieren, neben der Nationalversammlung ebenfalls das Volk bzw. die Nation zu repräsentieren, sondern auch beanspruchen, mit ihrer Anwesenheit in der Nationalversammlung diese zu kontrollieren und eine solche Kontrolle sogar unter Einsatz physischer Gewalt des „Volks" auszuüben. Die Lage kompliziert sich weiterhin dadurch, daß etwa in Paris einige Mitglieder der *Commune* gleichzeitig Abgeordnete der Nationalversammlung sind

---

[90] Art. Suffrage, *Dictionnaire historique de la Révolution* française, Paris 1789. Es sind die Stadtverwaltungen, die aus eigenem Recht über manche Einschränkungen hinausgehen.

und dadurch politisch gleichzeitig auf – mindestens - zwei Klavieren spielen können.

Hinzu kommt situationsverschärfend das Phänomen der revolutionären Klubs. Anders als die *communes* besitzen sie keinerlei rechtliche Legitimation ihrer Existenz und ihres Handelns. Dennoch werden sie zu einem Machtfaktor, indem sie das „Auge des Volkes" zu sein vorgeben, das wiederum dessen Repräsentanten permanent überwache.

Die Geschichte der Klubs während der Revolution ist bekannt.[91] Worauf es hier ankommt ist das Phänomen eines durch Korrespondenz und Reisen aufrechterhaltenen Kommunikationsnetzes *neben* der und auch *gegen* die *assemblées nationales*. Zwar verabschiedet die Nationalversammlung am 29. September 1791 auf Vortrag von Le Chapelier ein Dekret, das den Gesellschaften jegliche, vor allem koordinierte politische Tätigkeit – etwa auch kollektive Petitionen an die Nationalversammlung - untersagt. Das Dekret, u.a. von Brissot und Robespierre bekämpft,[92] zeigt kaum Wirkung. Vielmehr sind die *représentants en mission* gehalten, sich zur Durchführung ihrer Aufgaben auf die Klubs zu stützen und diese damit auch zu neutralisieren. Der Wohlfahrtsausschuß erklärt sie zu seinen „plus puissants auxilières".[93] Vor allem zwischen der Konstituante und Thermidor, zwischen 1791 und 1794, wird die *assemblée* , die *représentation nationale*, geradezu regelmäßig vom in den Klubs, Kommunen und Sektionen organisierten „Volk" belagert und besetzt, um eine „volksnahe" Politik zu erzwingen.

---

[91] R. MONNIER, *L'espace publique démocratique*, Paris 1994. J. BOUTIER, PH. BOUTRY, *Les sociétés politiques* (= Atlas de la Révolution française 6), Paris 1992.
[92] Art. Clubs et sociétés populaires in : F. FURET, M. OZOUF, *Dictionnaire critique de la Révolution française*, Paris 1988, 503.
[93] Art. Sociétés fraternelles/populaires/sectionnaires in : A. SOBOUL, *Dictionnaire historique de la Révolution française*, Paris 1989. – *Représantants en mission* sind Assembléemitglieder auf Reisen, die mit Aufträgen zur Überwachung der Durchführung von Beschlüssen beauftragt sind.

Eine weitere konkurrierende Form der Repräsentation besteht in der Bewegung der *fédération*. Sie ist aus vorrevolutionären lokalen und regionalen Milizen hervorgegangen, nur mühsam und unvollständig als *garde nationale* neben den regulären Truppen von der Nationalversammlung kontrolliert, die den interkommunalen und interregionalen Konföderationen machtlos zusehen muß. Die wiederum verstehen sich nicht als provinziale, sondern als nationale, als französische Unternehmungen. Am 14. Juli 1790 wird in Paris und zeitgleich in den Städten des Landes mit der *Fête de la fédération* ein Kompromiß zelebriert. Vor 300.000 Zuschauern, dem König und den Mitgliedern der Konstituante defilieren auf dem Marsfeld 50.000 Nationalgarden aus ganz Frankreich und leisten – mit *assemblée* und König – einen Treueeid. Derart treffen die *délégués* und *représentants* aus den Kommunen des Landes auf die *représentants de la nation*, wie der *Moniteur* ganz ohne Ironie und völlig unschuldig festhält.[94]

Die Schlüsselbegriffe in der öffentlichen Diskussion sind die der *députation* und der *députés*, der *commis* und der *mandataires*. Die Lexika der Zeit stimmen darüber überein, daß es sich dabei von der Sache her strikt um ein gebundenes Mandat handelt. Das sehen zu Beginn auch die Mandatsträger so. Erst mit der Proklamierung der *Assemblée nationale (constituante)* gehen einige Abgeordnete in ihrer Auslegung ihres Deputats weiter. Sieyès selbst unterstützt zunächst den König, der sich als einziger Repräsentant seines Volkes bzw. seiner Völker versteht, beim Kompromiß einer Aufhebung des gebundenen Mandats der Deputierten, was dieser dann auch im Juni den beiden ersten Ständen gegenüber nicht ohne taktische Hintergedanken verkündet. Doch, wie gezeigt, selbst dem König gegenüber widersetzen sich nicht wenige Vertreter des Adels und der Geistlichkeit, indem sie an der Gebundenheit ihres Man-

---

[94] Ebd., vgl. auch Art. Fédération in : F. FURET, M. OZOUF, *Dictionnaire critique de la Révolution française*, Paris 1988.

dats festhalten.[95] In dieser Phase der Revolution steht die Frage des imperativen Mandats im Zentrum des Machtkampfs zwischen dem König und seiner Regierung, den Ständen der *États généraux*, der neu erfundenen *Assemblée nationale (constituante)*. In der Tat kann diese sich nur als nationale behaupten, wenn sie die Zwangsjacke der lokalen und regionalen Gebundenheit des traditionellen ständischen Mandats abstreift. Von dessen Aufhebung erhofft sich der König seinerseits eine Vergrößerung seiner monarchischen Macht gegenüber den praktisch aufgelösten, weil nunmehr homogenisierten Ständen.

Der Kampf geht von jetzt an verschärft um die politische Besetzung des Begriffs der Repräsentation. Die konstituierende Nationalversammlung entzieht sich der ständischen Deputation, der König will sich zumindest als konkurrierender Repräsentant der Nation verstanden wissen, und andere konkurrierende Repräsentationen bilden sich in den Kommunen und Wahldistrikten, vor allem aber in den Klubs heraus. In der Bevölkerung formieren sich starke Strömungen, die den Begriff der *représentation* nach dem traditionellen Muster der *députation* mit imperativem Mandat interpretieren. Insbesondere in den *communes* und den revolutionären Klubs wird die *Assemblée nationale* vorbereitet, begleitet, korrigiert, und ihre Beschlüsse werden exekutiert - oder schlicht ignoriert. In den miteinander korrespondierenden Klubs inkarniert „das Volk" sich selbst und beharrt auf dem Verständnis von Repräsentation als Deputation. Diese Tradition wird von einigen revolutionären Wortführern mit Argumenten aus der gepflegten Semantik kurzgeschlossen.

---

[95] SHAPIRO, 128f. und 566f.

3.2.3 Volk als Objekt/Subjekt: *L'Ami du peuple, Révolutions de Paris, Le père Duchesne, « Je suis peuple »*

3.2.3.1 Marat

Jean Paul Marat (1744-1793), ein schweizer Arzt, Mitglied der *cordeliers* und des Konvents, wird in Paris zu einem der einflußreichsten Publizisten der frühen Revolution, der sich in seinen flammenden periodischen Pamphleten (*L'Ami du peuple*) direkt an die städtische Bevölkerung wendet. Nach eigenen Angaben hat er bereits 1774 in England ein Manuskript geschrieben, das dort nicht zur Publikation kam und erst 1792 unter dem Titel *Les chaines de l'esclavage* veröffentlicht wurde.[96] Bereits in diesem Text zeigt sich die rousseauistische Orientierung Marats:

Dans son principe, le gouvernement des Francs était purement démocratique, comme celui des Germains . L'autorité souveraine résidait dans la nation assemblée (…). Comme l'autorité suprême résidait dans la nation assemblée, cette autorité ne reçut aucune atteinte, tant que l'état eut peu d'étendue ; parce que la nation, peu nombreuse, s'assemblait toujours pour l'exercer par elle-même. Mais aussitôt que la nation fut dispersée sur une vaste étendue de pays, ne pouvant plus s'assembler en corps, elle fut réduite à le faire par ses représentants, et à confier la souveraine puissance à ses charges de pouvoir : dès lors la liberté n'eut plus de garants, plus de boulevards : car à un petit nombre près d'âmes élevées qui la chérissent pour elle-même, les hommes n'y tiennent que par les avantages qu'elle procure : or, toutes les fois qu'ils en trouvent de plus grands à la détruire qu'à la défendre, le désir d'augmenter leur bien-être particulier l'emporte nécessairement sur la crainte de participer au malheur commun : dès lors chacun renonçant à la patrie, ne

---

[96] J.-P. MARAT, *Les chaines de l'esclavage (1774)*, Paris 1792 (genannt *Édition de l'an I*).

cherche plus qu'à s'en rendre l'arbitre ou à la vendre à un maître. Ainsi, peu après la conquête, le gouvernement des Francs devint représentatif, et bientôt la nation perdit tous ses droits de souveraineté ; forcée, comme elle le fut par l'étendue de l'état, d'en remettre l'exercice à des hommes uniquement occupes de leurs intérêts personnels, et toujours tentés d'employer les pouvoirs dont ils étaient revêtus, pour satisfaire leur cupidité, leur avarice, leur ambition.

Ainsi, par la simple extension de l'état, la forme primitive du gouvernement passa de la démocratie à l'aristocratie, sans que rien eut été changé à la constitution. J'aurais dû dire passa au despotisme, car les grands et les nobles étant tous des créatures de la cour, le prince se trouva seul maître de la souveraineté.[97]

Marat ist wohl der schärfste publizistische Kritiker der *assemblée,* er ist mit Sicherheit der am schneidendsten argumentierende, hierin weniger politisch-praktisch ausgerichtet als Robespierre, dafür unerbittlich systematisch orientiert. Es ist sicherlich kein Zufall, daß er zwar Robespierre für unbestechlich hält - und ihn dafür rühmt und empfiehlt -, sich selbst aber sehr eng an Rousseau orientiert, insbesondere an dessen *Contrat social.* Dessen wiederholte Zitat einer gegen politische Repräsentanten gerichteten Passage[98] scheint ein nicht unerhebliches Echo gefunden zu haben, denn Marats Ausführungen werden in der politischen Publizistik breit gestreut positiv oder negativ rezipiert, allerdings eher bruchstückhaft als theoretisch konsistent. Marat steht im Mittelpunkt des politischen Geschehens, er stellt sich vor allem mit seiner Publizistik selbst hinein, und zwar als äußerer und zugleich innerer Gegner der assemblée. In seiner Zeitung *L'Ami du peuple* prägt er publizistisch die Begriffe der *infidèles délégués,* der

---

[97] Kap.5, Des vices de la Constitution politique.
[98] Immer wieder *Du Contrat social,* III 15 (*Des Députés ou Réprésentans*), Pleiade-Ausgabe 428-431.

faux représentants du peuple, der *assemblée* als *machine*, die Täuschung des Volkes durch die untreuen Repräsentanten als *machination*.[99] Der Autor unterscheidet zwischen *vrais* und *faux représentats du peuple*,[100] zwischen der Hälfte oder gar der Mehrheit derjenigen Abgeordneten, welche die alte Ordnung vertreten,[101] und den "wirklichen" Volksdeputierten wie Robespierre. Vielleicht am publizistisch erfolgreichsten ist Marats Figur der sich über und gegen das Volk setzenden, dessen Interessen mißachtenden Repräsentanten,[102] welche sich Rechte und Autorität anmaßten, die ihnen nicht zukommen.

Der "Volksfreund" ist sich dessen bewußt, daß es hier um ein Gefecht des Wortes geht. Der Deputierte wird als regelrechter

---

[99] „*le jeu de la machine qu'ils avoient organisée*", „*les scélérats qui osent machiner de nouveau* » ; *L'Ami du peuple* N° 462, 18. Mai 1791, 8, N° 678, 15. August 1792, 8, gezeichnet « MARAT, *l'Ami du Peuple* ». *Peuple, Nation, Représentants* werden uneinheitlich mit oder ohne Anfangskapitale gedruckt.

[100] Zitiert in praktisch jeder Nummer, so « vos infidèles mandataires », « surtout ces juristes rapaces, infidèles représentans du peuple qu'ils ont trahi & dépouillé de ses droits », N° 462, 18. Mai 1791, 7 ; « citoyens, vous êtes trahis par vos propres mandataires », N° 466, 22. Mai 1791, 7. Dagegen : « O vous, dignes commissaires des sections de Paris, vrais représentans du peuple, gardez-vous des pièges que vous tendent ses infidèles députés (…). Eclairez le peuple, convoquez toutes les sections à ce sujet », N° 678, 15. August 1792, 8. Es geht hier gegen eine von der *Assemblée* geplante Reform der Départements, der *Communes*, der *Sections*.

[101] « O mes concitoyens ! redoublez de vigilance, soyez sur vos gardes ; (…) profitez enfin de la conjoncture, pour expulser de l'Assemblée nationale les nobles et les prélats. Représentans d'ordres qui n'existent plus, et non les représentans du peuples, ils n'ont aucun droit d'y siéger. (…) Purgez (…) Purgez (…) que les provinces convoquent des assemblées pour procéder à une nouvelle élection légale de députés du peuple, et que la Nation soit enfin réellement représentée. » N° 91, 29. Dezember 1789. 8.

[102] „*les infidèles délégués du peuple (…) tourner contre le peuple la force publique qu'ils avoient égarée & enchaînée, dans le dessein de le faire massacrer ou de lui forger de nouveaux fers*.» Le Publiciste de la République française par Marat l'Ami du peuple, N° 66, 5. Dezember 1792, 2 f.

Soldat des Begriffes gekennzeichnet.[103] Das ist keine bloße Metapher, sondern wird zusammen mit der Vorstellung eines regelrechten Bürgerkriegs verwandt.[104] Entsprechend legt es der "Volksfreund" darauf an, pädagogisch-publizistisch zu einer ausdrücklich systematischen Begriffsklärung zu gelangen und diese laufend zu wiederholen. Er gibt sich nicht nur als Vertreter der Volkssouveränität zu erkennen und behandelt diese als unveräußerliches Recht des Volkes gegenüber seinen Abgeordneten, sondern er bringt zur Frage der Repräsentation auch immer wieder lange Auszüge aus Rousseaus *Contrat social*.[105] Die konkreten Anlässe wechseln. Marats Weg seiner publizistischen Angriffe, juristischen Verfolgungen und politischen Verteidigungen braucht hier nicht im einzelnen nachvollzogen zu werden.[106] Seine Argumentationsfigur bleibt letztlich immer identisch: Die Deputierten seien sich über ihre Aufgaben und vor allem über ihre rechtliche und moralische Verpflichtung nicht im klaren, wenn sie es als ein Verbrechen ansehen, daß die *députans* den *députés* ihre Wünsche darlegen.[107] Indem die Repräsentanten

---

[103] „Un député est une sentinelle du peuple; en tout tems soldat de la patrie, il en devient un général lorsqu'il a des vues & des talens. Ses armes sont la parole, & la tribune est son champ de bataille. Le condamner au silence, c'est donc le condamner à ne pas défendre le peuple ». N° 76, 17. Dezember 1792, 7.

[104] „Ils tremblent les lâches, que les feux de la guerre civile ne s'étendent de toutes parts, & ne les dévorent. Aveugles Parisiens, voici le moment de vous relever : serez-vous sourds à la voix des Avignonois, des Dauphinois & des Provenceaux qui vous appellent à la liberté (…) les armes à la main (…) ?» *L'Ami*, N° 462, 18. Mai 1791, 8.

[105] Seit seinem *Plan de Constitution* von 1789 handelt es sich bei Marat immer wieder um das Eigenzitat einer Reihe von Auszügen aus dem *Contrat social*, vgl. *Le Publiciste Parisien* N° 5, 15. September 1789, 46 f.

[106] Vgl. A. HARTIG (Hg.), *Jean Paul Marat. Ich bin das Auge des Volkes. Ein Portrait in Reden und Schriften*, Berlin 1987, mit Bibliographie.

[107] « Quoi ! on fera un crime aux Députans de faire connoître leur vœu aux Députés ? Défendre la cause des Peuples, sera s'en déclarer l'ennemi ? (…) sera violer la liberté de des Représentans & attenter à la Patrie ? » Wie Anm. 105.

die *force publique contre le peuple* wendeten, werden sie zu *infidèles délégués du peuple*, zu *prétendus représentants du souverain*.[108] Vor allem setzt Marat auf die sittlichen persönlichen Qualitäten der Deputierten,[109] das Volk nicht mit rhetorischen Künsten zu verführen.[110] Wie bei Rousseau liegt hier das Tugendideal der Römer nahe, wenn Marat etwa den hohen repräsentativen Aufwand der *mairie* kritisiert.[111]

Die Vorstellung, wonach die Repräsentanten nicht jeweils einen einzelnen, sondern die Totalität der Distrikte repräsentierten, wird von Marat ebenso attackiert wie die daraus abgeleitete Schlußfolgerung, sie könnten logischerweise nicht von ihrem Wählern korrigiert, zensiert, zurück- und abberufen werden.[112] Auch hier beruft sich Marat auf den *Contrat social*. Interessanterweise läuft seine Argumentation von dieser Stelle an doppelgleisig. Auf der einen Seite denunziert er jene Abgeordeten, welche diese abstrakte Vorstellung nationaler Repräsentation verfechten, als Vertreter der "alten Ordnung".[113] Auf der anderen Seite jedoch fordert er zur Kontrolle der *assemblées* durch das Volk

---

[108] Wie Anm. 102.

[109] « Un homme public, & sur-tout un Représentant de la nation, doit être inflexible ; jamais il ne doit balancer de se prononcer fortement pour la vérité, de la justice, de la patrie, contre la cabale des intrigans, des frippons & des ennemis du peuple. Petit avis que je donne en passant aux hommes à considérations. » *Le Publiciste* N° 176, 23. April 1793, 1.

[110] « les qualités qui seules doivent être requises de nos Représentants (…) Les mœurs ! les mœurs ! (…) il importe d'écarter avec soin les moyens de séduction (…) pour assurer la fidélité de nos Représentants » *L'Ami* N° 21, 29. September 1789, 180.

[111] *L'Ami* N° 79, 27. Dezember 1789, 136 f.

[112] Auf die Rede von Target, wonach die Repräsentanten die Totalität der Distrikte und der Nation repräsentierten, reagiert Marat mit einer ganzen Kette von hastig vorgetragenen rousseauistisch inspirierten Argumenten, die – durchaus praktisch intendiert – die Repräsentanten an die Leine der Distrikte legen sollen. *L'Ami* N° 54, 22. November 1789, 205-207.

[113] Wie Anm. 107

ein *censement* der Gesetze, welches er mit dem früheren *enregistrement* (ergänze: durch die *parlements*) vergleicht.[114] Diese Praxis *aus* dem Ancien régime erscheint ihm als brauchbares Vorbild, und zwar ausdrücklich *gegen* die Vertreter des Ancien régime in der Nationalversammlung gerichtet. Tatsächlich jedoch sind es, wie oben gesehen, gerade die Vertreter des Adels, welche sich 1789 zunächst mit gleicher rousseauistischer Begründung gegen die Konstituierung und die Praxis der Assemblée nationale gewendet haben.

Marats Verweise auf die "alte Ordnung" sind also nur cum grano salis zu nehmen. Vielmehr besteht seine Originalität darin, Rousseaus Volkssouveränität mit dem feudalen imperativen Mandat zu verbinden und darüber hinaus die nationale Gesamtrepräsentation über die moralische Qualität der Repräsentanten herzustellen. Die wird allerdings erst recht beim empirischen Volk unterstellt, welches seine Repräsentanten kontrollieren soll; wenn Marat dem Volk einen Vorwurf macht, dann den, vor seinen Deputierten zuviel Respekt zu haben.[115]

Der erste Trick Marats besteht darin, daß er sich auf den immer noch populären Rousseau beruft, allerdings auf dessen weniger populären *Contrat social*. Der zweite Trick zielt auf die Isolierung einer einzigen grundsätzlichen Passage außerhalb ihres komplexen Kontexts, die dann immer wieder im Ostinato wiederholt, zitiert und paraphrasiert wird. Der dritte Trick des Publizisten besteht in

---

[114] « sanction qui ne peut être valide qu'après que l'opinion publique, éclairée par les écrivains patriotes, aura eu le temps de se manifester, et que les suffrages des communes auront été recueillies, d'une manière régilière. Sans cela, la constitution ne seroit qu'une assemblée de réglemens arbitraires, que de simples représentans, érigés de leur propre autorité, en souverains arbitres de la nation, lui auroient donnés pour lois immuables du royaume. » *L'Ami* N° 333, 7. Januar 1791, 4 f.

[115] „grâce au respect supersticieux que le peuple a pour ses représentans », *L'Ami* N° 312, 16. Dezember 1790, 4 f.

der unerschütterlichen Übersetzung von *représentants* in *députés* oder *commis*, ganz im populären Verständnis des Ancien Régime. Der vierte Trick Marats ist der direkte Appell an das empirische Volk, sich unmittelbar als Volk/Nation zu manifestieren und die „untreuen", „verräterischen" – ebenfalls ein Zitat aus Rousseau und der *Encyclopédie* - Abgeordneten auch mit physischem Einsatz zu überwachen und gegebenenfalls zu korrigieren. Entscheidend für den politischen Erfolg Marats ist, daß er alle vier Tricks miteinander unentwirrbar verflechtet und die der Bevölkerung aus den Praktiken des Ancien Régime empirisch nachvollziehbare Praxis der Deputation und des Mandats auf die neue Form der abstrakten politischen Repräsentation anwendet. Und wer gegen ihn ist, wendet sich nicht nur gegen den „Volksfreund", sondern greift die Nation selbst an.[116]

3.2.3.2 Loustalot

Die vom 12. Juli 1789 bis zum 28. Februar 1794 von Louis Marie Prudhomme 1752-1830) unter der Redaktion von Élisée Loustalot (1762-1790) und anderen herausgegebene Zeitung *Les Révolutions de Paris* führt einen ähnlichen Kampf gegen die Nationalversammlung wie Marat. Zwar argumentiert auch sie immer wieder von Rousseau aus, und die Repräsentation wird ebenfalls als Organ des Volkes begriffen.[117] Der französische

---

[116] „Le decret d'accusation contre moi pour mes opinions politiques, est donc un attentat à la représentation nationale». *Le Publiciste* N° 178, 25. April 1793, 7.

[117] „LA MAJÉSTÉ DU PEUPLE FRANCAIS (...) L'assemblée nationale elle-même (...) n'est qu'un corps *représentatif* du souverain ; elle n'est que l'*organe* du souverain ». Statt einer « adresse de l'assemblée nationale aux Français » fordern die *Révolutions* eine « adresse de l'assemblée nationale à ses commettans ». *Révolutions de Paris, dédiées à la Nation et au District des Petits-Augustins* N° 33, 1790, 1-3. – Zitat im Titel : « Le comité de police déclare le sieur Prudhomme Propriétaire des *Révolutions de Paris* ». Auf dem Titelblatt

Repräsentant sei nach Rousseau im Unterschied zum englischen Parlamentarier eben *kein* Souverän.[118] Anders als bei Marat aber, der die Stellung des Königs als Teil der Exekutive, nicht - wie in der Verfassung -[119] als Repräsentation bestimmt, nimmt der Monarch in den *Révolutions* eine besondere Stelle ein. Zum einen soll das alte Prinzip, wonach der König nie sterbe, auch auf die Nationalversammlung übertragen werden; sie dürfe sich nie auflösen, und das Leben der Deputierten müsse in ihrer Gesammtheit auf einen Punkt hin konzentriert und individuell geschützt werden.[120] Dasselbe Argument taucht für die *représentants en mission* auf,[121] und selbst Marat untersagt den Deputierten, sich zu duellieren, weil sie damit die *patrie* in Gefahr

---

ebenfalls gedruckt eine Art ovaler Stempel : « PRUDHOMME SEUL PROPRI-ÉTAIRE ET ÉDITEUR DES RÉVOLUTIONS DE PARIS". Auch bei Marat finden sich derartige Erklärungen im Titel oder auf dem Schlußblatt.

[118] „Nos représentans ne sont point, comme en Angleterre, les souverains de la nation. C'EST LA NATION QUI EST LE SOUVERAIN. A la vérité, ils ont tenté de se rendre nos maîtres, en déclarant que leurs mandats ne sont pas *impératifs*. Mais cette décision n'ôte rien au peuple. Il est absurde qu'un mandataire puisse faire la loi à son commettant ; le peuple, assemblé par communes, a donc le droit de révoquer ses représentans, de réviser leur ouvrage, de l'adopter & de le rejeter ou de le corriger.» *Révolutions* N° 11, 19.-25. September 1789, 15. – Was hier als absurd erscheint, ist gerade die Lehre der gepflegten Semantik.

[119] *Constitution du 3 septembre 1791*, II 1, Art. 4 : « Le roi (...) prêtera (...) le serment (...) *à faire exécuter les lois.* » - Der gesamte Abschnitt ist dem König gegenüber extrem mißtrauisch.

[120] *Révolutions* N° 203, 25. Mai - 1. Juni 1793, Art. *De la représentation nationale*, 1-6: „des moyens nécessaires pour empêcher que l'assemblée elle-même ne détruise (...) sa propre intégrité (...) n'interrompe jamais la continuité si nécessaire de la représentation nationale. (...) un si grand nombre de députés si absent. (...) Aussi étoit-ce un principe sacré dans l'ancien régime que le roi ne mouroit jamais. (...) Pourquoi la liberté qui a un si grand besoin de rapprochement de tous (...) ne serviroit-elle pas du même système en l'épurant ? (...) Déjà à l'installation de la convention on a bien compris qu'il ne falloit pas que la nation ne fut un seul instant sans avoir des représentans en avtivité (...). La représentation nationale ne meurt point.»

[121] S.u., 3.2.3.4., Robespierre.

89

brächten.[122] Bemerkenswert bleibt jedoch, daß die *Révolutions* sich ausdrücklich positiv auf den König beziehen.

Eine ähnlich profilierte Position kommt ihm - und zwar nicht nur in den *Révolutions* - in der Frage der Petition zu. Da die *assemblée* sie nur individuell, nicht aber kollektiv zulassen will, beteht eine Gegenstrategie in der Öffentlichkeit der Presse und der Klubs bzw. bereits der Versammlungen; die andere Gegenstrategie eröffnet sich in der unmittelbaren Petition an den Monarchen als Repräsentant der Nation bzw. des Volkes.[123] Man erkennt eine Klammerbewegung, in welcher die Nationalversammlung sich gefährdet sieht: Nicht nur verschafft das Vetorecht des Königs als verfassungsmäßigen Mitrepräsentanten ihm die Möglichkeit, sich unmittelbar an das Volk zu wenden, sondern in der radikalen volkstümlichen politische Publizistik ist es zumindest in der Anfangsphase der Revolution möglich, die ganz dem Ancien régime verhaftete Vorstellung weiter zu verlängern, wonach der König für jeden seiner Untertanen persönlich verantwortlich sei

---

[122] *L'Ami* N° 190, 13. August 1790, 5: „une méthode bien ridicule (...) une conduite bien légère de la part de nos fidèles représentans».

[123] « Il faut adresser au Roi des *pétitions* pour qu'il use du *veto suspensif,* à l'égard du décret du *marc d'argent* (...). Ces pétitions (...) auront plus de force et de poids, si elles sont présentées par districts et par communes. Je recommande cette idée à tous les patriotes. (...) O Louis XVI ! ô restaurateur de la liberté française (...). Conservateur des droits du peuple, défens-le contre (...) l'erreur ou le crime de ses représentans, dis leur, (...) « la nation est le souverain, je suis son chef, vous n'êtes que ses commissaires, et vous n'êtes ni ses maîtres ni les miens » ». *Révolutions* N° 11, 19.-25. September 1789, 19.
Knapp zwei Jahre später heißt es : „Esclaves en 1789 d'un traitre couronné, nous avions donné à nos représentants des mandats positifs ; et l'année 1790 n'étoit pas révolue, que ces mêmes représentants ont osé déclarer qu'ils ne recevroient plus désormais de mandats ; qu'ils ont substitué leur volonté particulière à la volonté générale ; (...) ils ont paru nous accorder une faveur, sous le titre de pétition (...). Prétendus hommes d'état, sachez donc que le souverain ne demande pas, il commande. » *Révolutions* N° 102, 557. Es folgt eine Diskussion des Arguments des „großen Landes".

und umgekehrt jeder Untertan sich mit seinen essentiellen Nöten und Problemen direkt an ihn wenden könne.[124]

Wie bei Marat arbeiten die *Révolutions* und eine ganze Reihe anderer Publizisten in ihrer radikalen revolutionären Argumentation mit der Evidenz mentaler Vorstellungen, welche sich aus dem Ancien régime herübergerettet haben, sich aber sowohl gegen den Adel wie gegen die neuen Formen politischer Repräsentation richten. Eine solche Strategie, die selektiv aus der Vergangenheit schöpft, um zugleich deren Vertreter wie die im selben Atemzug genannten neuen Repräsentanten zu bekämpfen, scheint nicht nur vorstellbar, sondern für bestimmte Gruppen des angesprochenen "Volkes" auch plausibel, wenn nicht gar evident gewesen zu sein. Ein Widerspruch fällt den Autoren hier offensichtlich nicht auf. Lediglich Repräsentanten wie – immer wieder - Sieyès oder Roederer bemerken die Gefahr umstandslos, und auch Robespierre ist ihr gegenüber hochsensibel.

Stärker als Marat legen die *Révolutions* ausdrücklich Wert auf Bestimmung und Erklärung von Begriffen.[125] *Représentants* wird nicht durch *mandataires* ersetzt, sondern an *députation, mandat, commission* gekoppelt.[126]

3.2.3.3. Hébert

Jacques-René Hébert (1757-1794) besetzt ab Herbst 1790 bis März 1794 mit seiner Zeitung die schon aus dem Ancien régime in unregelmäßigen Publikationen und Theaterstücken bekannte und popu-

---

[124] A. FARGE, M. FOUCAULT (Hg.), *Le désordre des familles : lettres de cachet dans les archives de la Bastille au XVIIIe siècle*, Paris 1982.

[125] „Une si grave erreur dans la bouche des législateurs ne peut que nuire au développement des vraies notions politiques.» *Révolutions* N° 21, 5.

[126] Eine strikte Dichotomie *Mandataires/Représentants* bestätigt sich aus den Quellen nicht; vgl. hingegen M. GENTY in: A. GEFROY et al., *Dictionnaire des usages socio-politiques, 1770-1815*, Paris 1985.

läre Figur des fiktiven - verheirateten – Ofensetzers *Père Duchesne*. Vorher war diese Person auch als Matrose aufgetreten. Bei Hébert wird er definitiv zu einem städtischen Handwerker. Die radikale Politik der Cordeliers und der *Commune* wird von einem Handwerker vertreten, der die Sprache der gewaltbereiten Straße spricht und seine Darlegungen mit übelsten Zoten und vulgären Flüchen („foutre!", „bougrement en colère", „je m'en contrefouts") versetzt. Gepflegte Semantik ist das bewußt nicht. Das politische Programm ist klar umrissen: Republik gegen Monarchie, Demokratie nach dem idealen Vorbild Rousseaus, militante Dechristianisierung, Weltrepublik. Die politische-semantische Strategie besteht darin, einen Mann des Volkes zum Volk sprechen zu lassen, und zwar so, wie dieses sich selbst ausdrückt.

Der *Père Duchesne* polemisiert, und er personalisiert. Es geht nicht um die Monarchie, sondern um den König und seine Familie. Es geht nicht um den Adel, sondern um Aristokraten. Politische Repräsentation reduziert sich auf konkrete Abgeordnete. Und das Volk ist in derselben Linie das konkrete, das empirische Volk, Männer und Frauen in Aktion. Theoretische Überlegungen haben hier keinen Ort, sondern direkte und folgenreiche Denunziation von Personen. Wer im *Père Duchesne* namentlich angegriffen wird, hat in der unmittelbaren Folge einen schweren Stand.

Es handelt sich um eine bewußte politisch-semantische Strategie Héberts, der selbst nicht un- oder antiintellektuell ist. Doch es geht hier um eine Politik des Wortes, in der die konkrete Fiktion eines Mannes aus dem Volk zu diesem und mit sich und ihm selbst spricht. Bereits mit dieser Figur ist politische Repräsentation der Sache nach radikal ausgeschaltet.[127]

---

[127] „Non, foutre, non, plus de roi en France: voilà ce qu'il faut corner sans cesse de ceux que nous nommons à la convention nationale : Il faut nous réserver le droit de révoquer et de remplacer ceux qui ne marcheront pas dans la bonne voie. Il ne faut pas que nos députés se croyent les premiers moutardiers du pape ; ils ne sont que ce que nous les faisons. Pour leur parler, il n'est pas besoin de pren-

3.2.3.4 Robespierre

Der Anwalt Maximilien Robespierre (1758-1794) ist seit 1789 Mitglied der Nationalversammlung (*Constituante*), gleichzeitig Sprecher der pariser *Commune*, zudem führende Gestalt der Jakobinerklubs, Mitglied des Konvents und Haupt des Wohlfahrtsausschusses. Es ist die Verknüpfung all dieser miteinander konkurrierenden Repräsentationsformen, die dem wortgewaltigen Rhetoriker eine einzigartige Machtfülle verleiht. Er kann jede Funktion gegen die andere ausspielen und dennoch in deren Schnittmenge bleiben, diese sogar persönlich bilden. Zugleich appelliert er an das amorphe und teilweise organisierte Volk in Aktion und gibt sich selbst als „Volk" aus: „Je suis peuple, je n'ai jamais été que cela, je ne veux être que cela."[128] Das *corpus fictum* der gepflegten Semantik wird von Robespierre auf das empirische Volk reduziert, das er wiederum geradezu mystifiziert, jedoch immer direkt an die Masse koppelt. Seine Repräsentanten erscheinen demgegenüber nur als zumindest potentiell untreue und verräterische Deputierte, die es – wenn nötig *manu militari* – zu überwachen und zu kontrollieren gelte. Robespierre erreicht von der Nationalversammlung die Anerkennung der *Commune insurrectionelle* mit Rederecht. Zudem äußern sich Politiker, die das königliche Veto gegenüber der Legislative abschaffen und durch ein Veto des in den Kommunen, Distrikten und Klubs organisierten „Volks" ersetzen wollen. Diese letzte Forderung hält sich auch nach dem Regizid.

Nachdrücklich hält Robespierre am 1.8.1791 zur Sache fest:

Les pouvoirs ne peuvent être ni aliénés ni délégués. (...) Il est impossible de prétendre que la nation soit obligée de déléguer toutes les autorités, toutes les fonctions publiques , qu'elle n'ait

---

dre des gants ; (...) foutre, il ne faut pas craindre de leur montrer les dents. »
Père Duchesne N° 168, 6.
[128] Nach M. BOULASEAU, *Robespierre*, Paris 1987, 42.

aucune manière d'en retenir aucune partie. (…) On ne peut pas dire qu'il y ait un droit que la nation n'ait pas; on peut bien régler qu'elle n'en usera point, mais on ne peut pas dire qu'il existe un droit dont la nation ne peut pas user si elle veut.[129]

Der durchaus vorhandene Bezug auf Rousseau ist selbst im Vergleich zu Marat zumindest eigenwillig:

Un peuple dont les mandataires ne doivent rendre compte à personne de leur gestion, n'a point de constitution. Un peuple dont les fonctionnaires ne rendent compte qu'à des mandataires inviolables n'a point de constitution, puisqu'il dépend de ceux-ci de le trahir impunément et de le laisser trahir par les autres. Si c'est ca le sens qu'on attache au gouvernement représentatif, j'avoue que j'adopte tous les anathèmes qu'a prononcé contre lui Jean-Jacques Rousseau. (…) Je veux que tous les fonctionnaires publics nommés par le peuple puissent être révoqués par lui, selon les formes qui seront établies, sans autre motif que le droit imprescriptible qui lui appartient de révoquer ses mandataires.[130]

Wenn die *Commune* von Paris und die Klubs Abgeordnete zu anderen Kommunen und Klubs schicken, dann geben sie diese vorsichtig gegenüber der Nationalversammlung nicht als Repräsentanten, sondern als einfache Bürger aus. Die *Assemblée* ihrerseits schickt *représentants en mission* zu den Kommunen und zu den Klubs, um diese in die Exekutive einzubinden und damit gleichsam nützlich zu beschäftigen, politisch zu neutralisieren. Das gelingt nur bedingt, da Männer wie Robespierre die Klubs als „Volk" gegenüber der Nationalversammlung auszuspielen suchen, um ihre eigene Machtposition zu festigen.

---

[129] Nach ROELS, 96.
[130] Rede vom 10. Mai 1973, nach ROELS, 136.

Natürlich läßt sich ein solcher Spagat nicht endlos durchhalten. Er stößt an physische und psychische Grenzen aller daran aktiv Beteiligten, auch der Bevölkerung. Außerdem bleibt die politische Logik auf der Strecke. Das zeigt sich spätestens 1793/94, als Robespierre erkennen muß, daß sich selbst in den pariser Klubs Positionen manifestieren, die nicht mehr mit den seinen übereinstimmen und daß sich das „Volk" auch konterrevolutionär gegen ihn wenden kann. Von da an sind für ihn die Klubs nicht mehr das „Volk" bzw. dessen Repräsentanten und betreibt er die Auflösung der Assoziationen, kurz vor seinem eigenen Fall.[131] Das revolutionäre „Volk" ist empirisch für ihn nicht mehr konkret auszumachen und zu mobilisieren. Es begrüßt vielmehr enthusiastisch am 28. Juli 1794 (10. Thermidor II) seine öffentliche Hinrichtung durch die Guillotine.

3.2.4 Populäre Diskussion politischer Repräsentation

Konzeption und Praxis politischer Repräsentation werden nicht nur von „großen" Revolutionären thematisiert, die publizistisch und rhetorisch besonders publikumswirksam hervortreten und bis zur Selbstidentifizierung mit dem Volk gehen, und dies im Gegensatz zur gepflegten Semantik. Auch in der Bevölkerung selbst steht das Thema im Zentrum der politischen Diskussion. Davon zeugen viele ganz disparate Äußerungen von Personen, die oft nicht weiter bekannt sind.

Erstaunlich dabei ist in der Nachfolge der Wörterbücher und Rousseaus die Verbreitung des Arguments des „großen Landes", in dem eine direkte Demokratie nicht möglich sei. Hier hat offensichtlich die Publizistik der Revolution nachhaltig gewirkt.[132] Doch es

---

[131] MONNIER, 177-187.

[132] „la grande république est impossible", DE MAISTRE, *Considérations sur la France*, 1796, 51. – Die These, Rousseau habe wenig in die Französische Revo-

gibt auch überraschende Gegenstimmen, die auf die Möglichkeiten der zeitgenössischen Kommunikationsmittel Druck, Presse und Post aufmerksam machen. Wenn man wählen könne, könne man auch laufend abstimmen.[133]

Des weiteren lassen sich grosso modo zwei Perioden unterscheiden. Im Ancien Régime und in der Vorrevolution sind *représentant*, *député* und *mandataire* nicht ursprünglich synonym. Vielmehr wird je nach dem gesellschaftlichen Praxiszusammenhang zwischen den Begriffen durchaus differenziert, so etwa in der *Encyclopédie*, aber nicht nur dort, sondern auch in der volkstümlichen Semantik. Der *député* ist ein Einzelner, eine *députation* ist das auf den Weg bringen eines gewählten Einzelnen oder einer Gruppe, die ein *corps* gegenüber einer entscheidenden Person oder Gruppe vertreten und entsprechende Vorschläge machen. *Représentants* ist demnach mit *représenter* in der Bedeutung von *proposer, remonter, aviser et consentir* verbunden: „nos représentans (…) en état de soutenir nos justes demandes et représentations ».[134]

Mit der Einberufung der Generalstände allerdings wird *représentation* gleichsam in einen anderen politischen Aggregatszustand transponiert, wie die *cahiers de doléances* belegen, und zwar mit einer großen Variationsmöglichkeit. Es kommt vor, daß begrifflich buchstäblich alles durcheinandergeworfen wird. Aber die Mehrfachbedeutung des Begriffs kann auch in seiner Vielschichtigkeit ausgespielt werden. Von Deputation wird gesprochen, wenn die Aktion von einer Wahl oder Nominierung ausgeht, von Repräsentation, wenn die Aktion von den Gewählten bestimmt wird. So wer-

---

lution hineingewirkt, kann, zumindest was dieses Argument und das der Repräsentation angeht, nicht aufrechterhalten werden. I. FETSCHER, *Rousseaus politische Philosophie. Zur Geschichte des demokratischen Freiheitsbegriffs*, Neuwied 1968, 263; J. MCDONALD, *Rousseau and the French Revolution 1762-1791*, London 1965.

[133] P.F.J. ROBERT, *Le républicanisme adapté à la France*, Paris 1790, 87.

[134] Cahier de doléances des Dritten Standes von Guerny, Gisors 29. März 1789, 139.

den die *députés* zu *représentants*, die wiederum *députés* ernennen, die dann ihrerseits *représentants* werden.[135] Eine politische Spezialisierung von *représentation* ist weiterhin möglich.[136] Und schließlich kann auch konsequent von *députés* geredet werden, bei denen die Konnotation von aktiven *représentants* abgeschwächt und untergeordnet ist. Aus konservativer Sicht wird politische Repräsentation ebenfalls diskutiert. Hier reicht die Bandbreite von totalem Unverständnis über den neuen Charakter dieser Form über Versuche, *représentation* als ständische Deputation gleichsam geschichtlich zurückzuverweisen, bis hin zu totaler begrifflicher Konfusion.[137] Das wird sich auch in den 1790er Jahren durchhalten. Interessant ist es zu verfolgen, wie stark sich daneben noch die Erinnerung und sogar Bindung an *berufsständische* Deputationen und Repräsentationen durchhält, seien es Juristenverbände oder Handelskammern.[138]

---

[135] „nos députés chargés de présenter notre cahier à l'assemblée préliminaire (…) choisir des personnes (…) pour nous représenter à l'assemblée générale au baillage de Rouen (…) lequels députés ne pourront nommer pour nos représentants aux États généraux que des personnes du Tiers État». Ebd.

[136] „la nation ne peut être suffisament représentée que par des députés de tous les ordres de l'Etat, librement élus dans les assemblées des provinces (…) avant de consentir l'impôt». Cahier de Courtanges, Roussillon, 94.

[137] „il faut que le Roi soit obéi, il n'est que le cas où cette volonté seroit absolument contraire aux lois du royaume, que la nation a le droit de *représentation*, et le Parlemens sont les seuls organes au pied du trône de cette voix représentative (…).» PH.A. D'ARQ, *Essai sur l'administration*, o.O. 1786, 19 ; « tyrans forcenés qui bouleversent la France, qui, sous le titre de députés, n'ont offert que des régicides, des assassins, des corrupteurs, qui faussaires au serment fait à leur commettans, détruisent leur patrie qu'ils sont chargé de secourir.» *Synonymes nouveaux*, XIV, 4, 9 ; « DÉPUTATION (…) On sait ce que c'est. Les titres des membres de cette députation se trouvent au dos du diplôme d'après lequel l'assemblée elle-même s'est appellée *convention nationale*. Telle assemblée, telle députation.» BUEE, 31.

[138] *Encyclopédie*, Art. DÉPUTÉ, AMBASSADEUR, ENYOYÉ, Teil DÉPUTÉ DU COMMERCE, mit Verweis auf das *bureau général du Commerce* in Paris und den *conseil royal de Commerce*. Vgl. auch : « comme il y a des Députés du

Es war zu sehen, wie Sieyès mit seinem Vorschlag scheiterte, den abgespaltenen und sich als Volksrepräsentation verselbständigten Dritten Stand *assemblée des représentants connus et vérifiés de la nation française* zu nennen, wobei sich die Ablehnung auf die Unverständlichkeit eines solchen Namens bezog (zu lang, zu umständlich, zu kompliziert). Auch die Erklärung des Königs, er alleine repräsentiere seine Völker, belegt, wie sehr der Begriff auch hier ständisch belegt ist.[139] Das wird noch weiter in die Verfassungsdiskussion und die spätere Verurteilung des Königs hineinspielen.

Neue Dynamik kommt ab Herbst 1789 dadurch in die Diskussion des Begriffs, daß sich einerseits Kommunen und Distrikte durchaus nicht auflösen, sondern politisch als Souverän weiterarbeiten wollen, sich andererseits revolutionäre Klubs bilden. Alle treten mit dem Anspruch auf, ebenfalls repräsentativ zu sein und aus diesem Recht heraus die Konstituante kontrollieren zu müssen und dies auch zu können. Mehr noch, die Repräsentanten der Nationalversammlung werden nicht als Repräsentanten der gesamten Nation, sondern als Deputierte ihrer Wähler, der Wahlkreise und des Volkes verstanden und angesprochen. Als solche seien die Abgeordneten der Konstituante dem Volk gegenüber weisungsgebunden, rechenschaftspflichtig und abberufbar. Und einige publizistische Vermittler treten hier argumentativ prominent auf den Plan.

In dieser Situation wird die geradezu beschwörend verbreitete und massenhaft wiederholte Formel von Repräsentanten der Nationalversammlung als einem untreuen, verräterischen und selbst tyrannischen Deputierten geprägt. Bei Marat, anderen bekannten und unbekannten Publizisten und Rednern, aber auch in Zeitschriften-

---

Commerce », L.P. DE BACHAUMONT, *Mémoires secrètes*, XI, 233 (25. Mai 1778).
[139] Louis XVI « casse et annulle comme anticonstitutionnelles » die Dekrete der Nationalversammlung über das ungebundene Mandat (23. Juni 1789). Dieses führe „un gouvernement métaphysique et philosophique" ein, „impossible dans son exécution». ROELS, 123, 440.

reihen jeder Art werden drei Argumente zusammengezogen: die Unveräußerlichkeit der Volkssouveränität, das Problem des großen Landes für eine direkte Demokratie, das an den Souverän gebundene Mandat des gewählten Deputierten. Daraus werden das Rückruf- bzw. Abberufungsrecht und die Notwendigkeit bzw. die Pflicht zur Kontrolle der Deputierten abgeleitet.

Von der *Assemblée nationale* bliebe derart ein bloßes Redaktionsbüro übrig, ähnlich wie bei den Prozeduren der *cahiers de doléances*. Demgegenüber besteht die *Assemblée* darauf, nach der Wahl alleine die *volonté générale* auszudrücken, und erklärt am 29. Oktober den Distrikten gegenüber ihre Unabhängigkeit und Weisungsbefugnis.[140]

Ansonsten aber flüchtet man sich in Begriffsbestimmungen der gepflegten Semantik. Bezeichnend ist dabei die strengere Unterscheidung zwischen *député*, was den Generalständen zugeschrieben wird, und *représentant*, was der neuen, revolutionären Nationalversammlung zugeschlagen wird.[141] Deren Selbstdarstellung, die Nation als Ganzes zu repräsentieren und die Verbindungen zum Wahlvolk zu kappen, wird als staatsstreichartige Anmaßung verstanden, ihm die unveräußerliche Souveränität entziehen zu wollen. Hier kommt diffamatorisch der Begriff der *représentation absolue* ins Spiel.[142] Populär ist auch eine systematische Doppelbewegung: Zum einen werden die Repräsentanten der Nationalversammlung systematisch auf *députés, mandataires, commis* reduziert. Zum

---

[140] Art. Mandataires/Représentants, wie Anm. 126; Adresse de l'Assemblée générale des Représentants de la Commune de Paris, à tous les habitants de Paris, 20. Oktober 1789, in *Annales patriotiques et littéraires* N° XVII, 3.

[141] „Quand la nation était assemblée sous le nom d'Etats-Généraux, ses membres se qualifiaient de députés ; sitôt qu'elle a été désignée par Assemblée Nationale, on a dit *les représentants de la Nation*. Cependant, lorsqu'on parle d'un représentant individuellement, on dit c'est un député.» *Dictionnaire national et anecdotique*, Art. Représentant de la nation, Paris 1790.

[142] „la représentation *absolue*, c'est-à-dire, (…) la *souveraineté* de l'assemblée nationale». *Révolutions de Paris*, N° 35, 27. Februar 1790, 4.

anderen werden umgekehrt die konkurrierenden Versammlungen der Kommunen, Distrikte und Klubs mit den Begriffen *représentation/représentants/représentatif* belegt, was der *assemblée nationale* die Exklusivität über diese Worte nimmt.[143]

Auf seiten der Nationalversammlung bleibt die begriffliche Verwirrung groß. Immer wieder werden Männer wie Sieyès oder Roederer aufgefordert, zu erklären, was politische Repräsentation sei, und auch andere Begriffe zu präzisieren.[144] Das kann dann begrüßt werden. Das kann aber auch kritisiert werden.[145] Deutlich tritt diese Konfusion auch hervor, als Sieyès in der Diskussion um die Menschen- und Bürgerrechte begrifflich stringent ableitet und politische Repräsentation mit Privateigentum verbindet, um von hier aus den Grundrechten sowohl ein Fundament als auch ein Ziel zuschreibt. Zu seiner Verbitterung wird dieses Konzept abgelehnt. Wieder erklärt man ihm, sein Entwurf sei zu kompliziert und unverständlich. Von daher sei eine eklektische Fassung vorzuziehen.[146]

Bezeichnend ist in dieser Diskussion die Funktion, welche dem König zugeschrieben wird. Zum einen möchte eine breite Strömung an ihm als Repräsentanten der Nation *neben* der Nationalversammlung festhalten (also nicht als *king in parlement*, wie in England). Dieser Wunsch kann so weit gehen, daß man erwägt, an den König *gegen* die „treulosen und verräterischen" Abgeordneten der

---

[143] In Paris insbesondere *les représentants de la Commune* mit Rederecht vor den *représentants de la Nation / du peuple*.

[144] „Ne savez-vous donc pas penser par vous-mêmes ? » P. BASTID, 625.

[145] Das zieht sich als Argument durch. Für Robespierre etwa drücken die Klubs den „voeu du peuple" aus, wie die *Assemblée*. Le Chapelier erklärt aufgebracht, Robespierre „ne sait pas un mot de la Constitution". Prieur de la Marne attackiert Le Chapelier, « qui en sait trop ». 21. September 1791, *Orateurs*, 1355.

[146] Champion de Cicé erklärt zum Text, „son inconvénient est dans sa perfection même ». *Orateurs*, 1541. Vgl. *Les déclarations des droits de l'homme de 1789*, Paris 1988, 91-108, 219-234.

Konstituante zu appellieren.[147] Die wiederum ringt darum, wo sie Louis nun im Gesetz unterbringen soll, als „erblicher Repräsentant" der Nation und des Volkes oder als Repräsentant der Exekutive bzw. „Ersten Diener der Nation". Die Flucht des Monarchen und seine Festnahme eröffnen die Diskussion neu. Nunmehr wird einmütig festgestellt, daß er kein Repräsentant sei und von der Konstituante gerichtet werden könne, eventuell unter Zuhilfenahme spezieller Deputierter.[148]

Doch durch Begriffsbestimmungen allein ist die Sache politisch nicht zu lösen. Die *représentants de la Commune*, die Distrikte, die Klubs appellieren nicht nur an die Nationalversammlung, sondern gehen auch gewaltsam gegen die „untreuen und verräterischen" Abgeordneten vor, besetzen die Nationalversammlung zwischen 1791 und 1795 mehrmals bewaffnet, verhaften, verurteilen und töten aus eigenem Recht. Erschwerend kommt hinzu, daß einige Repräsentanten der Nationalversammlung gleichzeitig „Repräsentanten" der Kommunen und Mitglieder revolutionärer Klubs sind und hierdurch einerseits „Volk" mobilisieren können, andererseits aber bei zu starker und unkontrollierter Mobilisierung ihre Position als Repräsentanten der Nation in Gefahr bringen. Aber immerhin sind durch kontrollierte und gezielte Mobilisation politische Gegner auch aus und in der Nationalversammlung neutralisierbar und ausschaltbar. Terror, Revolutionsregierung und Wohlfahrtsausschuß 1793-1794 richten sich sowohl gegen Abgeordnete als auch gegen basisdemokratische Organisationen, die sich gegenüber der nationalen politischen Repräsentation zu verselbständigen drohen.

---

[147] Vgl. oben, 3.2.2.3., Hébert.

[148] « un simple tribunal d'état, composé de délégués immédiats du peuple (…). Il ne peut donc être jugé que par la Convention nationale qui représente la nation elle-même.» *Journal de la Revolution française*, N° 66, 2-3. Vgl. auch Terrasson, 27. August 1792, F.-.A. AULARD, *Jacobins* IV, Paris 1889-1902, 241.

Wenn die Abgeordneten als „Soldaten des Wortes" kämpfen, und wenn auch andere „Repräsentanten" des Volkes dies tun, dann ist die unmittelbare politische und selbst noch gewaltsame Aktion der Fluchtpunkt der sich konfrontierenden Begriffsbestimmungen und gibt ihnen ihren Sinn. Die basisdemokratischen Argumentationsformen verweisen dabei auf die aus dem Ancien Régime bekannten und praktizierten (berufs)ständisch eingebundenen rechtlichen persönlichen Beziehungen und Abhängigkeitsverhältnisse. Demgegenüber sind die Formen und Funktionen politischer Repräsentation mit ihren Abstraktionen schlicht unverständlich und selbst für Juristen unter den Abgeordneten schwierig nachvollziehbar.

Die *Assemblée* hat zumindest zwei Versuche unternommen, die konkurrierenden Repräsentationen miteinander gewaltlos zu versöhnen. Die erste ist die Erfindung und die Inszenierung des Fests der Föderation. Der andere Versuch besteht in der Erfindung und im Einsatz der *représentants en mission*, wobei es allgemein um die Kontrolle der Umsetzung der Beschlüsse der Legislative geht. Tatsächlich handelt es sich dabei um mehr als um einen erwünschten Nebeneffekt. Die Volksgesellschaften zumindest in der Provinz sollen von vernetzter Kommunikation und kollektiven Petitionen abgelenkt werden, indem die Repräsentanten sie gezielt in exekutive Aufgaben einbinden.

Bereits bei Marat war die Charakterisierung politischer Repräsentation als *machine* oder *machination* aufgefallen. Tatsächlich finden sich auch in vielen anderen volkstümlichen Quellen der Revolution solche Verweise. Im Verständnis der Periode seit dem 17. Jahrhundert kann damit vieles gemeint sein, von einer militärischen Anlage (z.B. einem Katapult oder einem Rammbock) bis hin zum komplizierten Räderwerk aller möglichen Arten von Mühlen. Maschinen nutzen Naturgesetze, Geometrie, Algebra, aber sie sind dabei *künstliche* Erfindungen nach Plänen, die nicht jedem Menschen einsichtig sind. Mehr noch, einmal installiert und gewartet, laufen sie idealiter regelmäßig ab, ohne daß weitere menschliche Intervention nötig oder gar möglich wäre. Es ist die z.t. undurchsichtige, geheime, nur wenigen Menschen zugängliche gesetzmäßige Mechanik, welche die Maschine suspekt erscheinen läßt. Denn sie stehen im strikten Gegensatz zur Freiheit des Menschen: „Cependant il ne faut pas confondre ces actes qui dépendent de la liberté avec ceux qui se font machinalement.»[149] Man erkennt, mit welchem Horror die Praxis politischer Repräsentation wahrgenommen wird, wie sie die Advokaten der gepflegten Semantik vertreten.

Zusammenfassend ergibt sich hier als Befund zur volkstümlichen Semantik, daß nicht einfach *mandat* und *députation* der *représentation* in Opposition zueinander gestellt werden,[150] sondern daß von den *cahiers de doléance* an *représentants* in ihrem Auftrag der *représentation* in der Bedeutung von „Vorstellen", „Bitte", „Forderung", „Vortragen" verstanden werden, und zwar gegenüber dem König, der darauf entsprechend zu reagieren hat[151]. Nun fällt diese Position des Königs fort, er bleibt bis zu seiner Flucht und Verurteilung nur noch eine mögliche direkte Appellationsinstanz neben den und gegen die Repräsentanten, die sich in dieser Sicht verselbständigt haben. Repräsentation als Vorstellen/Bitten hat kein persönliches Objekt mehr. Von daher versteht sich die reaktive nachhaltige Erinnerung und Definition von *représentation* als *députation, commission, mandat* gegenüber Repräsentanten, die sich davon gelöst und sich selbst zum Gegenstand ihrer *mission* gemacht haben, nicht mehr gegenüber dem König vortragen, sondern sich selbst – und darüber auch noch „souverän" entscheiden. Dieser semantische Selbstunterschied, diese Differenz und Opposition von zweierlei *représentation* ist offensichtlich nicht zu vermitteln und bleibt auf beiden Seiten unverständlich, selbst unter den Repräsen-

---

[149] *Encyclopédie*, Art. Machinal.
[150] So GENTY, wie Anm. 126.
[151] „L'idée des Réprésentans (…) nous vient du Gouvernement féodal (…).» *Du Contrat social*, III/15, 430.

tanten, die der gepflegten Semantik zwar folgen, sie aber nicht beherrschen. Ein solcher Zustand wird dann – ebenfalls von beiden Seiten: Distrikte/Kommunen/Klubs/Publizistik vs. Nationalversammlung – in einem erhöhten gewaltbereiten Erregungszustand der Begriffe *tiers état, peuple, nation* ausgedrückt.

Dennoch entwickelt sich davon unbeeindruckt die gepflegte politische Semantik von *représentation* nach Thermidor erstaunlich stabil weiter. Dabei wird das Argument der *politischen Elite durch Wahl* weiter ausgebaut. *Mérite* und *confiance* machen den Repräsentanten aus. Es handelt sich um eine neue, eine moralische Elite, die ständig wechselt. Diese Männer schlagen aus ihrer Position und Funktion kein Kapital. Sie haben soviel *mérite*, daß sie *confiance* erhalten. « L'assemblée des représentants du peuples est composée d'hommes d'élite puisqu'ils sont choisis. »[152] Camille Desmoulin spricht von einer « aristocratie représentative ».[153] Dabei handelt es sich immer um eine Elite im Plural: „La Constitution reconnaît *des représentants* qui, tous *ensemble*, représentent le peuple ; mais elle ne reconnaît pas le représentant un tel. Il y a des représentants, et pas *un représentant*. *Représentant* est un mot qui, dans la langue constitutionnelle, a un pluriel et point de singulier. »[154] Bei alledem ist das souveräne Volk *zugleich ein- und aus*geschlossen.[155]

1801, mehr als ein Jahr nach Napoleon Bonapates Staatsstreich vom 18. Brumaire und bereits unter dem Ersten Konsulat, schreibt Roederer, der schon vorher das Ohr Napoleon hat, aber entäuscht

---

[152] P.-PH. GUDIN, *Supplément au Contrat social*, Paris 1791, 18.

[153] P. ROSANVALLON, *Le peuple introuvable. Histoire de la représentation démocratique en France*, Paris 1998, 46.

[154] P.L. ROEDERER, Abus d'un mot à l'aide duquel on a fait d'horribles choses, in : *Journal de Paris*, 26 Nivôse an V (15. Januar 1797), ROSANVALLON, 43-44.

[155] „Dans le véritable système représentatif, tout se fait au nom du peuple et au nom du peuple; rien ne se fait directement par lui: il est la source sacrée de tous les pouvoirs, mais il n'en excerce aucun. » P.G. CABANIS, *Quelques considérations sur l'organisation sociale en général et particulièrement sur la nouvelle constitution*, 25 Frimaire an VIII, ROSANVALLON, 50.

von der Konsulatsverfassung des Jahres VIII ist, wie folgt zusammenfassend:

(…) l'aristocratie élective, dont Rousseau a parlé il y a cinquante ans, est ce que nous appelons aujourd'hui *démocratie représentative* (…). La démocratie représentative est celle ou une partie des citoyens, choisie par l'autre partie, fait des lois et les fait exécuter. Elle est *démocratie* dans ce sens que les représentants sont choisis, sans conditions de naissance, par tous les citoyens, sans distinction de naissance ; mais elle est démocratie représentative, et non plus représentative pure, parce que ce n'est plus le gouvernement de la totalité des citoyens, mais seulement d'une partie des citoyens. (…) Voilà l'idée que nous avons trouvée dans le mot *représentative* ajouté au mot *démocratie*. Et que signifie maintenant le mot *élective* joint au mot *aristocratie* ? Il signifie que ce petit nombre de sages qui sont appelés à gouverner ne tiennent leur droit que du choix, de la confiance de leurs concitoyens ; en un mot, d'une élection entièrement libre et dégagée de conditions de naissance. Eh bien ! n'est-ce pas justement ce que signifie le mot *démocratie* joint à celui de *représentative* ? *Aristocratie élective, démocratie représentative* sont donc une seule et même chose.[156]

3.3 Verfassung als Kompromiß

Die ersten französischen Verfassungen sind von der Sache her gezwungen, zur Frage der politischen Repräsentation Position zu beziehen, sei es explizit oder implizit. Eine Konstitution ist die Resultante der verschiedenen politischen Kräfte, die hier aufeinander wirken, sowohl innerhalb als außerhalb der Nationalversammlung. Denn direkt – etwa durch Besetzung – und indirekt – durch Mit-

---

[156] ROEDERER, *Discours du 13 Ventôse an IX* (4. März 1801), ROSANVALLON, 51-52.

gliedschaften von Abgeordneten in der Kommune oder in Klubs – wird der außerparlamentarische Druck in die reguläre *Assemblée* hineingetragen. Insofern sagt die Konstitution in einer Art Momentaufnahme tatsächlich etwas über die bestehenden Kräfteverhältnisse im Land aus. Von daher darf es auch nicht verwundern, daß es sich nicht um einen in sich stimmigen und geschlossenen Entwurf handeln kann. Wie bereits mehrfach bemerkt, sind die Diskussionen und Ergebnisse der Nationalversammlung in der Regel nicht theoretisch-systematisch stringent, auch wenn in ihr juristisch geschultes Personal präsent ist. Das Resultat ist angesichts der herrschen Gemengelage von Interessen notwendigerweise jeweils ein ungeordneter Kompromiß, auch und gerade, was die Frage politischer Repräsentation angeheht.

Die *Constitution de 1791* ist die erste der revolutionären Verfassungen. Sie sucht einen Schlußstrich unter den Übergang von den Generalständen zur Nationalversammlung zu ziehen: Die *Assemblée nationale* bildet die permanente Legislative, wird alle zwei Jahre durch Wahlen erneuert, und zwar aus eigenem Recht, und kann nicht vom König aufgelöst werden. 745 Repräsentanten aus 83 Départements gehören dieser Legislative an (ausschließlich derer der Kolonien), und sie verteilen sich entsprechend den drei Proportionen der räumlichen Oberfläche (247, d.h. 3 pro Département, 1 für Paris), der Bevölkerungsanzahl (249) und der direkten Abgaben (249). Die aus Aktivbürgern zusammengesetzten *assemblées primaires* bestimmen Wahlmänner (im Verhältnis 1:100), welche wiederum in Wahlversammlungen die Repräsentanten und Ersatzmänner mit absoluter Mehrheit bestimmen. Artikel 7 der Sektion III des ersten Kapitels setzt fest: "Les représentants nommés dans les départements, ne seront pas représentants d'un département particulier, mais de la Nation entière, et il ne pourra leur être donné aucun mandat." Für die *assemblées primaires* und *électorales* wird festgehalten, daß sie sich sofort nach Vollzug der Wahl aufzulösen haben, daß kein Bürger in Waffen an ihnen teilnehmen dürfe und

daß schließlich kein königlicher Beamter sich in die inneren Angelegenheiten dieser Versammlungen einmischen dürfe.[157]

Für Verwirrung sorgt die Position des Königs als erblicher,
nicht gewählter *représentant de la nation*. Cazalès unterscheidet -
wie andere mit ihm - zwischen "les représentants électifs et le
représentant héréditaire de la nation".[158] Ähnlich erklären sich
Barnave oder Thouret.[159] In der Verfassung von 1791 heißt es
entsprechend, "les représentants sont le Corps Législatif et le
Roi".[160] Demgegenüber wird der Exekutive kein repräsentativer
Charakter zugesprochen. "On ne représente pas le peuple dans
l'exécution de sa volonté", erklärt Herault de Séchelles.[161] Roederer
und Robespierre[162] lehnen es ab, den König als Repräsentanten zu
bezeichnen, weil das eine Wahl des Volkes unterstellte; ebenso
seien fälschlich etwa die alten *parlements* als Repräsentanten der
Nation bezeichnet worden.[163] Roederer: "Ainsi, sans élection point
de représentation." Mirabeau hingegen erklärt: "notre Convention
nationale est supérieure à toute limitation comme à toute autorité,
elle ne doit compte qu'à elle-même et ne peut être jugée que par la
postérité."[164] Malouet meint ebenfalls, wenn der König nicht nur
ein Gesetz, sondern sogar eine Konstitution für gegen das
allgemeine Interesse gerichtet sieht, habe er das Recht, sie zu
suspendieren und das Volk aufzurufen, sich über das Gesetz
auszusprechen bzw. eine neue Legislative zu wählen.[165] Die
Konfusion ist derart komplett.

---

[157] Art. Constitution, *Dictionnaire historique de la Révolution française* ; J. GO-
DECHOT (Hg.), *Les constitutions de la France depuis 1789*, Paris 1970.
[158] 28.3.1791.
[159] Beide 10.8.1791.
[160] Tit. III Art. 2.
[161] 10.6.1793; anders Rousseau, vgl. ROELS, 134.
[162] beide 10.8.1791.
[163] ROELS, 135.
[164] 19.4.1790.
[165] 30.8.1791.

Die *Constitution de 1793 (An I)* setzt andere Akzente. Französisches Bürgerrecht kann jeder Mann ausüben der – alternativ - entweder in Frankreich geboren und über 21 Jahre alt ist, jeder mindestens über ein Jahr in Frankreich lebender Ausländer über 21, der von seiner Arbeit lebt, (Land)Eigentümer ist, eine Französin geheiratet hat, ein Kind adoptiert oder einen Alten ernährt. Das souveräne Volk ernennt unmittelbar seine Deputierten, delegiert an Wahlmänner die Auswahl der *administrateurs* und Richter, berät über die Gesetze. In den *assemblées primaires* wird schriftlich oder mündlich einzeln abgestimmt, über Gesetze mit Ja oder Nein.

La population est la seule base de la représentation nationale. Il y a un député en raison de quarante mille individus. Chaque réunion d'Assemblées primaires (…) nomme immédiatement un député. (…) Chaque député appartient à la nation entière. (…) Les Assemblées primaires se forment extraordinairement, sur la demande du cinquième des citoyens qui ont droit d'y voter.

Daneben bestimmen die *assemblées primaires* die Wahlmänner der *assemblées électorales*, eine pro *département*, welche jeder eines der Mitglieder des *conseil exécutif* wählt.

Die *Constitution de 1795 (An III)* greift wieder auf das Wahlmännersystem zur Wahl der Repräsentanten zurück. Auffällig ist, daß die *Benennung* als Repräsentanten sich verringert: Fast immer ist die Rede von *membres du Corps législatif.* Ausnahme: Titre V, Art. 52: « Les membres du Corps législatif ne sont pas représentants du département qui les a nommés, mais de la Nation entière, et il ne peut leur être donné aucun mandat. »

Die *Constitution de 1799 (An VIII)* und die *Constitution de 1802 (An X)* verfahren sprachpolitisch anders: Hier präsentieren gleichsam neukorporatistisch Wahlversammlungen bestimmte Bürger für bestimmte Funktionen. Auch die Funktionen werden beschrieben. Aber von Repräsentation oder Deputation ist keine Rede mehr, nur noch von Wahlen und Ernennungen. Die Verfassungen nehmen im Text selbst persönliche Ernennungen vor, so für den *Sénat conservateur* und – selbstredend – für die drei Konsuln der Regierung, insbesondere für den Ersten, „le citoyen *Bonaparte*".[166]

Die *Charte constitutionnelle vom 4. Juni 1814* begründet ab Artikel 35 eine *Chambre des députés des départements* und legt deren Auswahl, Struktur und praktische Aufgaben fest, ohne auf eine Art von Repräsentation hierbei einzugehen.

Erst *L'acte additionnel aux constitutions de l'Empire du 22 avril 1815*, genannt *Constitution de Benjamin* (Constant), führt eine *Chambre des représentants* ein, wobei die *collèges électoraux* des Jahres X nicht mehr bloß das Recht haben, Bürger vorzuschlagen ("droit de présentation"), sondern nunmehr direkt ihre *représentants* zu wählen. Der Artikel 33 sieht eine *représentation spéciale* für die Industrie, Manufaktur und Handel vor.

Auch die *Charte constitutionnelle* vom 14. August 1830 hält weiterhin an einer *Chambre des députés* fest.[167] Erst die republikanische Verfassung vom 4. November 1848 bringt eine sprachpolitische Wende:

La souveraineté réside dans l'universalité des citoyens français. (...) Le peuple français délègue le pouvoir législatif à une Assemblée unique. (...) Les membres de l'Assemblée nationale sont les représentants, non du département qui les nomme, mais de la France entière. Ils ne peuvent recevoir de mandat impératif. (...) Le président de la République promulgue les lois au nom du peuple français.[168]

---

[166] 1799: titre II/24, titre IV/39.
[167] Art. 30 ff.
[168] Art. 1, 20, 34, 35, 56.

Die bonapartistische Konstitution vom 14 Januar 1852 unterdrückt den Begriff der Repräsentanten wieder und ersetzt ihn durch *députés* oder *mandataires de la Nation*,[169] wobei immer auf die Notwendig der Zustimmung des Volkes hingewiesen wird. Über den Begriff der Repräsentation wird nicht mehr gestritten, nur noch um die praktische Form, wie sie ohne ihn durchgesetzt werden soll.

In den Verfassungen und *Menschen- und Bürgerechtserklärungen* der Revolution hält sich ein paradoxaler Diskurs durch. Am weitesten treibt ihn die Erklärung vom Juni 1793. Zum einen wird systematisch das Wort *représentant* durch *député* ersetzt. Zum anderen wird das Volk als Souverän mit dem empirischen Volk zwar nicht identifiziert, aber mit ihm auf eine Stufe gesetzt. Dieses mandatiert die Deputierten, nimmt aber zumindest der Erklärung nach auch unmittelbar an der Willensbildung des Souveräns teil. Im selben Zuge allerdings wird jedem Teil des Volkes untersagt, sich Rechte des Souveräns anzumaßen. Nur als Ganzes ist es das, was wiederum empirisch nicht zu realisieren ist. Gleichsam als Trost erhält es das Petitions- und das Widerstandsrecht, welches sehr weit gefaßt ist, ohne positiviert werden zu können. Im Gegenteil, derselbe Begriff *résistance* wird einmal als Recht oder Pflicht gegen Tyrannei dargestellt, dann wieder als schweres Vergehen gegen das Gesetz, dem unmittelbar gehorcht werden muß. Maßstäbe, Kriterien der Unterscheidung liefert die Erklärung nicht. Offensichtlich sind sie weder gesucht noch gewollt worden.

Pardoxal ist dieser Diskurs, weil er bei der Benennung eines der zentralen Begriffe diesen nicht (umgekehrt) eindeutig definierbar werden läßt. Er ist immer zugleich das Gegenteil oder der Widerspruch dessen, was gerade gemeint ist. Um das *corpus fictum* Volk aufrechterhalten zu können, muß man offensichtlich an das empirische Volk appellieren. Um dieses wiederum im Zaume halten zu können, soweit es sich etwa in Klubs manifestiert, wird es

---

[169] 290, Art 34.

zurechgewiesen, daß es ja gar nicht das Volk als Souverän darstellen könne. Doch dies sind nicht einander opponierende Diskurse, es ist ein einziger. Eine Seite bedarf ihres Gegenteils. Dasselbe gilt eben auch für den Begriff der *résistance*.[170]

---

[170] Hier taucht ein neues Problem der nicht mehr ständischen Gesellschaft auf: Wie kann man nunmehr die Gesellschaft *in* der Gesellschaft plausibel darstellen? Vgl. N. LUHMANN, *Gesell-schaftsstruktur und Semantik*, 1, Frankfurt/Main 1980.

4. Semantisches Umfeld: États, Tiers, Assemblée, Commune

In der Französischen Revolution verschnüren sich im sprachlichen Umfeld und schließlich auch im Zentrum des Begriffs und der Praxis politischer Repräsentation andere Begriffe, die voneinander und auch von *représentants*, *députés*, *mandataires* dann nicht mehr zu trennen sind, die aber im Ancien Régime eine eigene Historie aufweisen. Wie oben gesehen, tauchen bereits in der gepflegten Semantik *état(s)*, *tiers*, *commune*, *assemblée*, *association*, *société* im Gebiet von *représentation* auf. Es geht im folgenden also um die Vorgeschichte von Begriffen, die in Verbindung mit *représentation* zu funktionalen Instrumenten der Revolution werden. Das gilt auch dann und dort, wenn und wo sie in Opposition zueinander stehen.

4.1 États généraux

Von der Regentschaft de Herzogs von Orléans bis zu Neckers Finanzministerien befindet sich das Königreich Frankreich in einer permanenten Haushaltskrise, die sich zunehmend verschärft. Bereits Louis XIV hinterläßt - insbesondere wegen den Auseinandersetzungen um die spanische Erbfolge und seiner niederländischen Obsession, die weder militärisch noch wirtschaftlich etwas erreicht hat – einen total zerrütteten Staatshaushalt. Die von John Law nach schottischem Vorbild gegründete moderne Nationalbank führt durch Spekulation und zugleich staatlichen Dirigismus 1720 zu einem weiteren Bankrott. Keines der folgenden Finanzministerien

113

betreibt eine andere Politik als die der Steuererhöhungen, welche wiederum Unruhen auslösen. Die Finanzkrise wird durchgängig als „Wunde" oder „Krankheit" beschrieben, die es zu heilen gelte. Genau dies bringt die *États généraux* wieder in die Diskussion: Sie könnten Staatshaushalt und Steuern legitimieren.

Da die Generalstände seit über 100 Jahren nicht mehr einberufen worden sind, wird nun regelmäßig ihre Geschichte in Erinnerung gerufen. In mehren Memoranden wird dem Regenten die strategischen Vor- und Nachteile dargelegt, so 1715 und 1717 von Saint-Simon. [171]

Je propose à M. le duc d'Orléans de convoquer aussitôt après la mort du Roi les États généraux, qui sont sans danger et utiles pour les finances, avantageux à M. le duc d'Orléans (…) chercher le remède à un si grand mal (…) opérer dans cette maladie (…). La multitude ignorante, qui croit les États généraux revêtus d'un grand pouvoir, nagera dans la joie, et vous bénira comme le restaurateur des droits anéantis de la nation. (…) les États généraux sont sans aucun pouvoir par leur nature, et que ce n'est que les députés de leurs commettants, (…) de simples plaignants et suppliants (…). Ainsi le leurre est complet ; tout y est vuide ; les États généraux n'en acquièrent aucun droit, et néanmoins M. le duc d'Orléans en a tout l'essentiel par cette erreur spécieuse et si intéressante toute la nation (…).

Neben den praktischen Fragen einer Vereinfachung der Prozeduren der Einberufung der Generalstände – „qu'ils se puissent assembler sans cette confusion qui les a si souvent rendus inutiles" – fragt Saint-Simon 1717 ablehnend nach dem konkreten Nutzen

---

[171] L. DE SAINT-SIMON, XI, 263-267. *Mémoires V*, 1714-1716, Paris (Pleiade) 1985, 336-351.

dieser „assemblée, infiniment respectable, et qui représente tout le corps de la nation »:[172]

1° si on doit espérer le remède par les États généraux ; 2° si les États généraux ne produiront pas de plus fâcheux embarras que ne sont ceux pour l'issue desquels on réfléchit si on les assemblera.

Saint-Simons Überlegung geht dahin, daß jeder Deputierte die besonderen Klagen und Forderungen seines eigenen Landes und seines eigenen Standes vertrete und hinter der Vielfalt der unterschiedlichen und gegensätzlichen – auch wirtschaftlichen - Einzelinteressen das allgemeine Problem der Finanzen verschwinde. „En ce cas, quelle confusion! Et quel fruit des États généraux ? » Auch die wenigen in der Finanzwissenschaft ausgewiesenen Deputierten kämen kaum zu Wort. Erschwerend komme hinzu, daß die letzten Generalstände lange zurücklägen – „Personne n'a une idée bien juste des États généraux" -, daß man nicht wisse, ob sie die Interessenvielfalt der Nation auffangen könnten, daß sich der Regent auf diesem „grand théâtre" ungewöhnlich weit exponieren müsse, was zu vermeiden sei. Der Nutzen der Generalstände für die Lösung der Finanzkrise erscheint Saint-Simon mehr als fraglich. Langatmige Ausführungen behandeln die Positionen der verschiedenen Adelsfraktionen mit Blick auf eine eventuelle Einberufung. Hingegen bedauert er, daß Louis XIV die tatsächlichen Finanzexperten nicht hat zum Zuge kommen lassen. Sein Memorandum geht dezentdezidiert in die Richtung von den Regenten beratenden Expertenkommissionen, zu denen er sich selbst mangels einschlägiger Kompetenz nicht zählen lassen möchte.

Saint-Simons Memoranden geben die Einschätzungen eines Mannes Anfang des 18. Jahrhunderts wider, der Spezialist in Hof- und Verfassungsfragen ist, und dies aus absolutistischer Perspektive. Er geht nicht auf die Verfahrensregeln der Generalstände ein,

---

[172] 168; *Mémoires* VI, 1716-1718, Paris (Pleiade) 1986, 289-334.

nur andeutungsweise auf ihre Geschichte. Es handelt sich 1715 für ihn darum, sie zu instrumentalisieren. Dabei spielten sie politisch keinerlei Rolle, bestenfalls eine therapeutische zur Imagepflege des Regenten. 1717 läßt Saint-Simon selbst dieses Argument fallen. Man wisse nichts mehr über sie, und sie trügen sicherlich nicht dazu bei, die anstehenden Probleme der komplizierter gewordenen Monarchie mit ihrem komplexen Staatsapparat zu lösen. Und er warnt ängstlich vor dem „théatre" der Generalstände, dem sich der Regent aussetzen müßte. Deren Einberufung ist damit erst einmal für diese Generation vom Tisch. Lösungen werden innerhalb der Regierung gesucht. Noch 1757 heißt es: „Assembler les États généraux seroit détruire en un instant plusieurs siècles (sic !) des travaux continuels pour étendre et affermir l'autorité royale. »[173]

Die Generalstände werden also erst einmal nicht einberufen. Im Laufe der folgenden Jahrzehnte jedoch werden der Bezug auf sie und schließlich der Ruf nach ihnen drängender. Dabei geht es immer wieder um den zerrütteten Staatshaushalt und um die geschichtliche Erinnerung daran, daß die *États* den Steuern hätten zustimmen müssen. Was bei Saint-Simon noch aus monarchistischer Sicht als eine pure politische List erschien, wird nun geradezu als historischer Rechtsanspruch formuliert, der vergessen, aber nie verloren war.[174] Der historische Zustimmungsaspekt zählt hier. Dahinter tritt der Aspekt der *doléances* – schon bei Saint-Simon ein

---

[173] DE LESCURE, *Correspondance secrète*, II, Paris 1866, 169.

[174] « si la nation n'a pas toujours exercé le droit, elle n'a jamais pu le perdre. » VÉRI II, 79 (16. Dezember 1777) ; PH.A.D'ARCQ, *De la convocation des États généraux et de la nécessité de former un quatrième ordre de l'État*, o.O. 1789, 10-15. - Noch *nach* der Einberufung wird *in* der Publizistik eine « incertitude des opinions » in Bezug auf die Generalstände konstatiert : « Ce nom ne présente pas apparemment une idée nette, puisqu'il ne présente pas à tous les esprits la même idée (…). » *Journal encyclopédique et universel*. 1er juillet 1789, 7 ; *Dictionnaire raisonné de plusieurs mots qui sont dans la bouche de tout le monde et ne présentent pas des idées bien nettes*, Paris 1790, 215.

taktisches Detail - zurück und wird zunächst meist gar nicht erwähnt. Das ändert sich dramatisch mit der Einberufung der Generalstände. Hier wird genau dieses Moment tragend, bevor es überhaupt um die Finanzen geht. Die Kommunen, Stände, Regionen entdecken ein „antikes" Recht wieder, das sie in Wirklichkeit neu erfinden müssen.[175] Nun tritt der konkrete Anlaß der Einberufung, die maroden Staatsfinanzen, in den Hintergrund. Vielmehr erscheinen auf einmal die Generalstände als Allheilmittel der Mißstände Frankreichs überhaupt.[176] Durchgängig wird in den *cahiers* die regelmäßige periodische Abhaltung der *États généraux* gefordert.[177]

Dabei scheint – wie schon in der *Encyclopédie* und später bei Sieyès - auch ein anderer Terminus für die *États* auf: „ces Assemblées nationales". 1789 kann man darauf in einem neuen Kontext zurückgreifen. Regelmäßig wird dabei die historische Perspektive bemüht. In der geschichtlichen Sicht hat das Volk seine Rechte – eben die der Nationalversammlung – verloren und muß sie sich

---

[175] Wenn 1945 die alliierten Siegermächte beschlossen hätten, den 1806 aufgelösten Reichstag wieder einzuberufen, wäre eine vergleichbare historische Distanz aufgetaucht. – Der Begriff „antique" findet sich schon vor den Heften und Schriften um 1789: „rendre à la monarchie sa forme antique", L.P. DE BACHAUMONT, *Mémoires secrets* XXIV, 117 (31. Dezember 1783). „le Parlement (sc. de Bordeaux) fait sentir au Roi la nécessité de retablir ces assemblées antiques & solemnelles, trop longtems suspendues », BACHAUMONT, XXVIII, 170 (25. Februar 1785). - Manchmal wird sogar das Datum der letzten Einberufung falsch angegeben, so: J. RENAULDON, *Dictionnaire des fiefs* I, Paris 1788, 405.
[176] OLYMPE DE GRINGUES, *Dialogue allégorique entre la France et la vérité*, Paris 1789, 10-12 : « LA FRANCE. Les États-Généraux vont sans doute remédier au vice qui s'est glissé dans ma constitution, instruire les Ministres sur leur véritable devoir, & les conserver, comme ils le méritent, maintenir les Parlemens, fixer l'autorité, extirper les abus, la licence, encourager le commerce, consoler les loix, & rendre enfin mon Royaume le plus florissant de la terre. (…) Enfin les États-Généraux vont d'abord m'apporter quelque soulagement, & me rendre à la fin toute ma splendeur. » - Mehr kann man nicht verlangen.
[177] *Cahiers* von Vesly (Eure), Irouillas (Roussillon), Adels (Roussillon); vgl. auch SHAPIRO, a.a.O.

jetzt wieder einklagen.[178] Schließlich wird, wieder in geschichtlicher Perspektive, auch direkt an den König appelliert:[179]

Louis XVI, rassemblant ses peuples, va fermer enfin pour jamais les plaies dont ils étoient afligés, en redant à ses sujets le droit de se réunir près du trône à des époques périodiques & peu éloignées, & en leur rendant ce droit qu'ils avoient eu avant la première race, sous la seconde & sous le commencement de la troisieme (…).[180]

In der zweiten Hälfte des 18. Jahrhunderts tauchen bis nach der Konstituierung der Nationalversammlung Argumente und Reflexionen auf, die vorher unbekannt und deutlich neueren Lektüren geschuldet sind. Zum einen wird mit Blick auf die einzuberufenden Generalstände von dem und für den Dritten Stand auf einen ungeklärten „Sozialvertrag" verwiesen. Offensichtlich fasziniert allein schon der Begriff. Zum anderen wird dabei zwischen einer historischen Perspektive und einer fast programmatisch aktuellen changiert. Überraschend ist dabei der immer wieder auftauchende Verweis auf die Notwendigkeit einer begrifflich-historischen Klärung, selbst wenn die Generalstände bereits in die Nationalversammlung übergegangen sind. Völlig unsystematisch wird zunächst neben den partikularen Willen des Königs die *volonté générale* des ganzen

---

[178] D'ARCQ, 10.

[179] *Journal encyclopédique*, 10. Zitat aus ROBIN, *Histoire le la constitution de l'empire françois, ou Histoire des Etats-Généraux, pour servir d'introduction à notre Droit public*, Paris (1789).

[180] Mit den „trois races" sind die Königsgeschlechter der Merowinger (Chlodwig 496), Karolinger (Pippin III. 754) und Capetinger (Hugo 987) gemeint, die unter Bruch der Familienlinien aufeinander folgen. Die beiden Usurpationen (gegen Childerich III. bzw. Ludwig IV.) werden durch das kirchliche *sacre* und später auch historiographisch legitimiert. Der Begriff der *race* (lat. *stirps*) dient der präventiven Abwehr außerdynastischer Ansprüche, etwa durch Einheirat. Das *jus solis* ist erst eine militärpolitische Erfindung der III. Republik.

Volkes gestellt.[181] Daraus folgt eine auch sprachliche Kritik. Denn einerseits können die Generalstände als die Nation selbst angesprochen werden. Doch:

encore une fois, la nation est un corps intellectuel qu'on ne peut ni toucher, ni voir, ni entendre, et qui, lui-même, ne peut toucher, voir, ni entendre autrement, que par les organes qui lui sont donnés par sa constitution primitive. (…) assemblée nationale, dont les membres sont les représentants de la nation. Voilà des mots que nous placerons dans la bouche de tout le monde, et ne présentent pas des idées nettes.[182]

In der Verfassung der Monarchie ist der König das einzige Organ der Nation, und die *États généraux* sind für ihn ein Beratungsgremium mit Deputierten, die ihren Stand und Wahlkreis vertreten. Nun aber taucht „une autre idée" auf, die einfach, doch von großer Bedeutung sei:

---

[181] *Receuil des doléances de la communauté de Coustouges, rédigées, le 20 avril 1789, par l'abbé Cazes, vicaire desservant* :
« Article premier : Etats Généraux
En parcourant les annales de la France, on voit que la nation a été longtemps dans l'usage de s'assembler par des députés pris dans les différends ordres de chaque province de Royaume afin de régler les affaires de l'état et concourir avec le prince à la formation des loix qui doivent diriger la marche de l'ordre public. Ces assemblées sont nommées Etas Généraux parce qu'elles représentent tout le corps de la nation française dans les petit nombre de ses députés. (…) dans un gouvernement monarchique la loi doit être le résultat de la volonté générale, de tout le peuple et non celui de la volonté particulière du Souverain. Telle doit être la Constitution monarque (…). Cette forme de gouvernement a été adopté dès l'origine de toute société civile comme le moyen le plus capable d'assurer la félicité des peuples et d'entretenir cet amour, cette confiance réciproque qui est le plus ferme appui de la puissance souveraine. »
[182] *Dictionnaire raisonné*, 222-228.

il s'est formé un système selon lequel celui qui est venu comme député de tel ordre, dans tel bailliage, ou dans telle province, lorsque ses pouvoirs seront vérifiés, lorsque les ordres se seront constitués, se trouver n'être plus député et représentant de tel ordre dans tel baillage, il se trouvera député et représentant de la nation en général. Voilà où il s'agit d'arriver. Il s'agit de sortir de cette fatale vérité, que la nation est un corps intellectuel qui ne peut parler et agir que par l'organe que sa constitution lui a donné.[183]

Hier versucht der Autor über eine intentionale sprachliche –wie er es selbst nennt - *décomposition* einen Übergang vom *corpus fictum* der Nation in der klassischen Tradition der gepflegten politischen Semantik einen Übergang zu den Generalständen als Organ der Nation, wodurch der König deren Minister werde, der ihre Anweisungen ausführe. Das geschieht nicht sehr elegant und ist auch nicht völlig klar. Doch die Absicht ist deutlich vorhanden und bereitet neben anderem die Revolution der Umwandlung des Dritten Standes in die Nationalversammlung vor.

Im *Dictionnaire raisonné*, Artikel *Etats généraux*, wird das generelle Dilemma beschrieben oder zumindest zum Ausdruck gebracht, welches die Veränderungen des ausgehenden Ancien régime und der Revolution zustande gebracht haben: Man spreche nicht mehr ein verständliches Französisch, sondern eine neue, eine fremde Sprache, über deren Begriffe noch nicht einmal Einigkeit bestehe, deren Verwendung und insbesondere Mißbrauch im Gegenteil gerade im Zentrum der politischen und sozialen Auseinandersetzungen stehe.

Ein besonderers Charakteristikum ist bei diesen Versuchen, vermittelt über eine neue Begrifflichkeit eine neue Praxis zu erfinden, das Bestreben, rein intellektuelle Existenzen, insofern sie kollektiv geteilt werden und das sind, was man mit dem heutigen Neologismus "mehrheitsfähig" nennt, zu *konkretisieren*, sie zu

---

[183] Ebd. 233.

einem materiellen politischen *Organ* zu machen. Der Übergang von den *Etats généraux* zur *Assemblée nationale* soll zu einer Substantialisierung der ansonsten rein intellektuellen Existenz des Begriffs der Nation sein. Es äußert sich aber die Skepsis, ob dies denn auch bereits gelungen sei, wenn man bloß die logische Notwendigkeit dieses Überganges nachvollziehe. Und sein Rekonstruktionsversuch, der von den Figuren der Versammlung, des im sozialen Kontakt verspürten "öffentlichen Bedürfnisses" ausgeht, kommt schließlich doch wieder beim idealisierten Dualismus einer humanen Monarchie im Zusammenspiel mit einem sensiblen Organ der *Etats généraux* an.

An der Interpretation der Generalstände als Nation zeigt sich auch die Präsenz unklarer Vorstellungen und begrifflicher Konfusion. Derart ist die Revolution der *États généraux* auch und insbesondere eine sprachliche geworden, wie beklagt wird.

L'ancienne France est morte est ensevelie. Il s'agit d'en créer une nouvelle. (…) Déjà tous les noms sont changés; on ne parle plus françois en France. On emprunte les noms et les expressions d'une nation voisine dont la constitution et les moeurs sont infiniment éloignées des nôtres. (…) Nous éprouvons tous les maux de la dissolution et de l'anarchie.

Die für den Autor unerfreuliche, aber unausweichliche Schlußfolgerung:

Il y a une illusion d'imagination dans la supposition que la révolution est consommée.[184]

Um zu rekapitulieren: Wird in der *Régence* die seit über 100 Jahren bewußt unterdrückte Einberufung der Generalstände aus taktischen oder strategischen Gründen zur Sanierung der Staatsfi-

---

[184] Ebd. 236-237.

nanzen erwogen, doch letztlich aus praktischen Absichten des vollen Machterhalts und aus Angst vor dem gesellschaftlichen Gewicht des Dritten Standes verworfen, so erscheint aus dessen Perspektive - und auch aus der vieler Intellektuelle der Geistlichkeit - im Laufe der folgenden Jahrzehnte eben eine solche Einberufung geradezu als Allheilmittel der politischen und gesellschaftlichen Krankheiten Frankreichs. Mit ihr soll ein altes Recht zurückerobert werden, das vom Adel wiederum bestritten wird. Tatsächlich ist unter der „antiken" Form der *doléances* alles neu zu erfinden. Der historische Diskurs wird in der zweiten Hälfte des 18. Jahrhunderts mit systematischen Begriffen angereichert, die aus eher ekleltischen Lektüren stammen (*contrat social, nation, corps intellectuel, peuple*), und gewinnt dabei an politischer Präsenz. Zugleich verläßt er den traditionellen Sprachkonsens. Den alten und neuen Begriffen, die in aller Munde sind, entsprechen keine übereinstimmend akzeptierten „klaren Ideen". Genau darum wird es weiterhin gehen: um Besetzung und Bestimmung von Begriffen sowie um die Erringung allgemeiner Akzeptanz dieser Bestimmungen. Die Revolution ist noch nicht zu Ende. Aus konservativer Sicht zeigt sich unterdessen an der Aufgabe des alten Französisch, daß auch das alte Frankreich tot ist, und zwar, wie sich mit der Restauration zeigen wird, irreversibel. Es genügt nicht, nur einfach die Worte *États généraux* und *Assemblée nationale* aus den französischen Wörterbüchern zu streichen.[185]

4.2 Tiers état

In den Wörterbüchern des Ancien régime wird *Tiers état* durch dreierlei charakterisiert:

Tiers wird zunächst als eine Ordnungszahl erklärt, d.h. bei diesem Stand handelt es sich um einen, welcher den beiden

---

[185] So 1798 vorgeschlagen; L.-S. MERCIER, *Le nouveau Paris*, I, 1989, 64.

Ständen des Adels und der Geistlichkeit *nach*geordnet ist. Zum zweiten wird der *Tiers état* dadurch definiert, daß er alles einschließt, was nicht schon durch die beiden ersten Stände definiert ist. Es handelt sich also um eine rein negative Definition. Eine positive, welche für sich stünde, scheint drittens zunächst nicht möglich zu sein.

Möglicherweise aus diesem letzten Grund findet sich keine entsprechende numerische Ordnungsbezeichnung für die beiden ersten Stände. Sie werden zwar als "les deux premiers états" angesprochen, in der Regel nicht aber als *Premier* oder *Deuxième état*. Wenn dies doch passiert, dann handelt es sich um keine eigenständige Benennung, sondern um eine hierarchische Umschreibung. In der Regel wird von *clergé* und *noblesse* gesprochen.

Demzufolge steht also *Tiers état* zunächst als abstrakter negativer Ordnungsbegriff neben bzw. *hinter* den zwei positiv benannten Ständen Adel und Geistlichkeit. Wohl aus diesem Grunde gehen die Wörterbücher bei diesem Artikel dann zu einer Aufzählung dessen über, was zum Dritten Stand dazugehört. Es handelt sich zunächst um eine ganz disparate Reihung von Beispielen. Keines davon bestimmt inhaltlich den Charakter des gesamten Standes, und alle zusammen ergeben auch keine erkennbare kohärente Struktur. Diese negative Homogenität wird von den Autoren der Artikel zuweilen erwähnt.

Von der - im übrigen immer unvollzähligen oder schließlich selbst nur noch summarischen - Aufzählung der Bestandteile des Dritten Standes gehen die Artikel schließlich dazu über, diesen auf die *États généraux* und *provinciaux* zu beziehen. *Tiers état* erscheint also zumindest nicht explizit als ein gesellschaftliches Ordnungskriterium, sondern als eines der Organisation der Ständevertretung. Der Stand ist bereits immer gleich der in der

Versammlung repräsentierte gesellschaftliche Stand, der außerhalb dieser Repräsentation keine eigenständige Existenzform besitzt.[186]

Der Begriff *Tiers état* scheint unter Louis XIV und im Ancien Régime zunächst keine Probleme zu bereiten. Die Gesellschaft ist ein Ganzes und besteht aus drei Ständen, von denen lediglich die ersten zwei präzise als Geistlichkeit und Adel bestimmt werden können. Das Dritte ist entweder der undefinierbare, inhomogene Rest oder das, was nicht Geistlichkeit und Adel ist. Jedenfalls wird deutlich in hierarchischen Abgrenzungen von oben nach unten gedacht, und auch dies noch innerhalb der einzelnen großen Stände bis in die winzigsten Unterschiede hinein. Als bemerkenswert erscheint immerhin, daß die Männer des Dritten Standes als *freie* Bürger bezeichnet werden, „propriétaites et maîtres qu'ont voulu être soumis au roi plus directement, et qu'ont su maintenir leur indépendance, et contre les grands vassaux et contre l'étranger».[187]

Anfang des 18. Jahrhunderts tauchen, wie zu *États généraux* – und zusammen mit ihnen - historische Erläuterungen zur politischen Formierung des Dritten Standes auf. Sie erscheint als eine finanzielle und politische Notwendigkeit. Dabei wird bis ins 14. Jahrhundert auf Phillipp IV. und Philipp VI. zurückgegriffen. Offensichtlich soll bereits das besondere Verhältnis der Krone zu den *bonnes villes* mit Selbstverwaltungs- und Vertretungsrecht neben Geistlichkeit und Adel als politische Formierung des Dritten Standes verstanden werden. Tatsächlich wird der *Tiers* oder *commun* erst ab 1484 nach dem Muster der *baillages* oder *sénéchaussée* auf dem gesamten Territorium des Königreiches gewählt.[188]

---

[186] Vgl. D. D'ORIA, *Dictionnaire et idéologie*, Paris 1988.

[187] J.F. SOBRY, *Le nouveau Machiavel, ou Lettres sur la République*, o.O. 1788, 531. Sobry mahnt vor dem Wunsch nach Anoblierung. Wichtiger als ein Adelstitel sei ein « honnête homme", seien „gens de probité" und „citoyens utiles".

[188] A. BAVELIER, *Essai historique sur le Droit d'élection et sur les anciennes assemblées de la France*, Paris 1874, 137.

Zu Beginn der zweiten Hälfte des 18. Jahrhunderts erweitert sich die historische Reflexion. Zum einen wird die Konsultation des Dritten Standes noch auf Saint-Louis 1254 geführt und reicht bis zu einer Gesellschaft ohne Stände zurück.[189] Zum anderen wird der *Tiers* als *le peuple* übersetzt. Dabei taucht eine neue Strukturierung auf: „le tiers-état étoit composé des bourgeois notables, députés des villes pour représenter le peuple dans les assemblées." Der Begriff werde viel in den Provinzialständen der *Pays d'État* gebraucht.[190]

Weiterhin wird eine doppelte geschichtliche Bewegung notiert: Die Generalstände verloren ab dem 16. Jahrhundert an politischem Einfluß, wurden nach dem „bon plaisir du roi" einberufen und verhandelten nicht mehr über Krieg und Frieden, sondern legten nur noch die Beschwerden vor und stimmten den Steuern zu. Im selben Zuge aber wuchs der gesellschaftliche Einfluß des Dritten Standes „par les arts & les commerces" seit dem 14. Jahrhundert. Das wiederum zeitigt einen städtisch-politischen Seitenableger, der den Bedeutungsverlust in den Generalständen – nicht in den Provinzialständen – gleichsam kompensiert.[191] Weiterhin wird – weit vor Sieyès - die politisch-ständische Vernachlässigung des *Tiers* mit seiner gesellschaftlichen Bedeutung, seinem praktischen Nutzen und seiner Moralität kontrastiert.[192]

Anfang der 1770er Jahre wird dieses Argument mit dem arithmetisch-demographischen Aspekt gekoppelt und gegen die bestehende Ständeordnung polemisch zugespitzt.[193]

---

[189] Tatsächlich berief Louis IX 1245 den gesamten Adel zum *parlement* nach Paris ein. BAVELIER, 57.

[190] P.-A. ALLETZ, *Encyclopédie des pensées, maximes, pensées sur toutes sortes de sujets,* Paris 1761, 604 ; Art. Tiers état in : *Encyclopédie*, XVI, 1767.

[191] „on leur accorda une jurisdiction, un sceau, une cloche, et un befroi. Ainsi furent établies ces petites républiques, auxquelles on donna le nom de communes. » Art. TIERS-ÉTAT in : *Dictionnaire*, 675 f..

[192] BACHAUMONT, XIII, 13. September 1767, 16-17.

[193] P. DE MAIROBERT, *L'espion anglais,* I, London (1774) 1779, 231.

On comprend sous cette dénomination tout ce qui n'est pas classé dans les deux Ordres du Clergé & de la Noblesse. Celui-là est à lui seul infiniment plus nombreux que les deux autres, ne montant guere qu'à la deux centieme partie des habitans du Royaume. C'est donc en lui qui réside la multitude, c'est-à-dire la force physique de l'Etat, le premier droit de la nature. Il en fait aussi la puissance, le bonheur & la gloire, puisqu'il lui procure la richesse par le Commerce, l'harmonie par la manutention des Loix, l'illustration par les Sciences & les Arts, ou plutôt il n'existeroit point d'Etat sans lui. D'un côté, les grands avides le dévoreroient dans leur oisivet, funeste: de l'autre, les prêtres enthousiastes le dépeupleroient par leurs spéculations mystiques.

Allerdings tritt nun – und zunehmend noch in den 1780er Jahren – die Beobachtung der innere Differenzierung des Dritten Standes und der Möglichkeit und Praxis der Übergänge zwischen den Ständen, vom Dritten in die beiden anderen, aber auch vom Zweiten in den Dritten, in den Vordergrund. Zunächst zur Differenzierung: Waren es zunächst noch die bürgerlichen Notabeln, die das Volk sans phrase in den verschiedenen städtischen und ständischen Versammlungen „repräsentierten“, so kommt jetzt „das Volk“ selbst in den Blick, das zwar im Gegensatz zu vielen, möglicherweise unehrenhaften „Bürgern“ für das Vaterland nützlich sei, aber dennoch verachtet werde, während sich diesen die Möglichkeit der Anoblierung eröffne.[194]

Damit ist die Frage der Übergänge zwischen den Ständen angesprochen, und zwar im wesentlichen zunächst wieder als eine

---

[194] « Le tiers-état (…) est ici compté pour rien; un citoyen pauvre dont vingt aieux auront comme simples soldats, défendu la patrie, sera mépris, et même avili, tandis qu'un autre citoyen qui aura amassé des richesses par des moyens peu honnêtes, acquerra de la considération, et pourra avec son argent aspirer aux premiers charges d'Etat. Ces charges purifient des toutes les iniquités, et ont en outre l'avantage de rendre nobles ceux qui ne le sont pas (…). » F. METRA, *Lettres iroquoises*, XIV, o.O. 1783, 48.

Klage von seiten des Adels, der sich als politisch und gesellschaftlich im Wortsinne unterprivilegiert ansieht. Aus wirtschaftlicher
Not müsse er *mésalliances* mit Frauen aus dem Dritten Stand ein-
gehen. Weiterhin könne sich die Elite des Dritten Standes *charges*
kaufen, die traditionell dem Adel vorbehalten waren. Im Kirchen-
apparat würden die besten Pfründe von Söhnen des Dritten Standes
besetzt, während den Söhnen des Adels nur zweit- oder drittklassi-
ge Stellen zur Verfügung stünden. Abkömmlinge des Dritten Standes seien sogar als Juristen in den *parlements* vertreten, bislang
eine Bastion des Adels. Und als noch absurder erscheint, daß Adli-
ge, durch ihre Funktion politisch dem Dritten Stand zugeschlagen
werden können.[195]

1788, noch vor der Einberufung der Generalstände und der Redaktion der *cahiers de doléance*, wird eine regelrechte Bibliothek
von Pamphleten produziert, gelesen und diskutiert, die sich mit der
politischen und sozialen Geschichte des Dritten Standes sowie seiner aktuellen Lage befaßt. Es handelt sich um eine ständeübergreifende Diskussion.[196] Dabei zeichnen sich einige konstante Argumentationsfiguren ab, die in verschiedenen Variationen vorgetragen werden.

Zunächst fällt auf, daß nunmehr *alle* Autoren, anders als in den
vorhergehenden Jahrzehnten, vom Absolutismus des 17. Jahrhunderts abstrahieren. Daß seit 1614 keine Generalstände mehr einberufen worden sind, wird ohne weitere Diskussion einfach als Tatsache vorausgesetzt. Weiterhin werden jetzt von interessierter Seite
alle *positiven* Argumente zusammengeführt: die historische Ur-
sprünglichkeit des Volkes *vor* seiner politischen Formierung als
hierarchisch letzter Stand; seine gesellschaftliche Nützlichkeit vor
den anderen Ständen in Wirtschaft, Wissenschaft, Technik, Kunst,
anderen Formen des Wissens; seine Bedeutung im militärischen

---

[195] So schon 1714 SAINT-SIMON, X, 491; Pleiade V, Paris 1985, 91-93.
[196] Die Bibliothèque nationale de France führt Hunderte von Veröffentlichungen
des 18. Jahrhunderts mit *Tiers état* im Titel auf.

Bereich noch vor dem Adel; sein Engagement in Verwaltung und Rechtswesen; sein überwältigendes demographisches Übergewicht. Kurzum, ohne den Dritten Stand könne der Staat, könne das Königreich gar nicht existieren.

In dieser Phase und auch noch Anfang 1789 bei der Redaktion der *cahiers de doléance* wird in der Regel die Monarchie, wird insbesondere „le bon roi" Louis XVI keinesfalls in Frage gestellt. Vielmehr wird immer wieder darauf verwiesen, daß der *Tiers* nicht nur der nützlichste, sondern auch der treueste der drei Stände ist. Allerdings wird übereinstimmend und dringend an den Monarchen appelliert, dem Dritten Stand eine seinem gesellschaftlichen Nutzen, seiner numerischen Bedeutung und seiner Königstreue entsprechende Stellung gegenüber den beiden anderen Ständen zu verleihen. Wie die aussehen sollte, wird nicht weiter präzisiert. Insofern bleiben die Appelle abstrakt und paradoxal. Sie zielen auf etwas Neues, verbleiben aber weiterhin im Rahmen der monarchischen und ständischen Ordnung. Auch Sieyès, der letztlich nichts Neues erfindet, bleibt öffentlich zunächst vage.[197] Der Dritte Stand, der „Alles" sei, müsse „etwas" werden. Wie das aussehen soll, verrät er hier noch nicht. Er bleibt in seiner Streitschrift offensichtlich bewußt unter seinem eigenen theoretischen Niveau und hinter seiner bereits vorhandenen politischen Programmatik zurück. Entscheidend ist aber, daß – und dies nicht nur bei Sieyes – bereits vor der Einberufung der Generalstände die Argumentationslogik umgedreht wird. Der Dritte Stand ist nicht mehr bloß negativ der Rest dessen, was nicht Geistlichkeit und Adel ist, sondern er *ist* bereits positiv das Volk, die Nation oder l'*ordre de la nation*, wovon die anderen Stände nur parasitäre Anhängsel sind. Mehr noch, histo-

---

[197] „Qui donc oserait dire que le Tiers n'a pas en lui tout ce qu'il faut pour former une nation complète. (...) Que serait-il sans l'ordre privilégié ? Tout, mais un tout libre et florissant. Rien ne peut aller sans lui, tout irait infiniment mieux sans les autres. » Nach BASTID, 350.

risch stammten diese Appendices selbst aus dem Volk, wenn von den fränkischen Eroberern einmal abgesehen werde.[198]

Die Situation wird durch die Forderung nach Verdoppelung der Deputierten des *Tiers* – was vom Hof auch akzeptiert wird - sowie dann in Versailles zusätzlich nach einem Abstimmungsmodus nach Köpfen statt traditionell nach Ständen gehörig aufgemischt.[199] Denn einerseits handelt es sich weiterhin um Generalstände. Andererseits entspricht das geforderte Abstimmungsverhalten nicht mehr deren Tradition, sonders es orientiert sich an angelsächsischen parlamentarischen Mustern – eine explosive Mischung zweier unterschiedlichen Formen politischer Logik.[200] Um der Forderung ein praktisches Vorfeld zu etablieren, schlagen die Deputierten des *Tiers* vor, die Überprüfung der Abgeordnetenmandate nicht nach Ständen getrennt, sondern ständeübergreifend gemeinsam vorzunehmen, was von den Geistlichen (133:114) ebenso wie von den Adeligen (141:47) abgelehnt wird. Doch die Verdoppelung des *Tiers* entspricht zumindest symbolisch der demographischen Arithmetik. Die Aufhebung der Ständegrenzen realisierte seine tatsächliche soziologische Übermacht und bildete sie politisch in den Generalständen verkleinert ab. Hiermit würde nunmehr tat-

---

[198] « Pourquoi ne renverrait-il (sc. le Tiers) pas dans les forêts de la Franconie toutes les familles qui conservent la folle prétention d'être issues de la race des conquérants et de succéder à leurs droits ? » *Tiers,* nach BASTID, 351. Gleich weiter: „des Sicambres, des Welches et autres sauvages, sortis des bois et des marais de la Germanie." – Diese germanischen (Ur)Wälder sind bei den französischen Autoren mindestens seit Montesquieu eine stehende Redewendung.

[199] Eine originelle Außenseiterposition schlägt die Aufspaltung des *Tiers* in einen Stand der städtischen *citoyens* und der ländlichen *agronomes* vor, wodurch es zu einer „égalité" zwischen den Ständen auch ohne „doublement" käme. Man erkennt, wie die Intelligenz 1788/9 förmlich kocht und praktisch keine Variante und Mischform ausläßt. LEBER, *Les lunettes du citoyen zélé*, II, 2, Nr. 5, o.O. (1788/1789), 51-54.

[200] F. FURET, D. RICHET, *La Révolution française*, Paris 1973 ; M. VOVELLE, *La chute de la monarchie 1787-1792,* (= Nouvelle Histoire de la France contemporaine 1), Paris 1972, 120.

sächlich der politische Rahmen der bestehenden Gesellschaft gesprengt.

Diese Vorgänge heizen die Pamphletproduktion zum Thema *Tiers état* an. Auch die konservative Seite beschwört nicht nur den König, er und die Monarchie insgesamt seien in Gefahr, sondern mischt sich selbst in die publizistische Diskussion ein. Grundtenor: Es sei im ureigensten Interesse des Dritten Standes, an der bestehenden Verfassung festzuhalten, um darüber seine gesellschaftliche Macht abzusichern und auszubauen.[201]

Auf der anderen Seite zeichnen sich drei Bewegungen ab: Zum einen verstärkt sich das Selbstbewußtsein, zum Dritten Stand zu gehören, und dies in auch handgreiflicher Opposition zu den anderen beiden Ständen. Man will, daß nunmehr *jeder* zum *Tiers* gehört und es davon keine Ausnahmen mehr gibt. Dabei handelt es sich gleichsam um eine Transposition der Strategie der Deputierten des Dritten Standes in Versailles und im Jeu de Paume auf die Straße, wobei die Logik dieser Strategie nicht einmal immer so recht begriffen wird.[202] Doch volkstümliche und tatsächlich populäre Vivats, Reime, Trinklieder und Katechismen, selbst noch Inschriften im Eßgeschirr gehen in diese Richtung.[203] Zum anderen drückt sich über die paradoxale Mehrfachstrategie eine erhebliche begriffliche Verunsicherung aus. Der *Tiers* ist Dritter Stand, und zugleich ist er

---

[201] *Réflexions sur les désavantages et les pertes immenses du Tiers-état dans la Révolution de France,* Paris 1791, 6-13, 16-23.

[202] Zeitzeugen berichten von spontanen Straßenkontrollen, bei denen die Passanten gefragt werden, ob sie dem *Tiers état* angehören, und im Zweifelsfall gewaltsam aufgefordert werden, ein Hoch auf den Dritten Stand auszurufen – wonach sie passieren können. J. ROSSIGNOL, *La vie véritable du citoyen J. Rossignol,* Paris 1796, 71-73 ; Eintrag vom 12. Juli 1789.

[203] CH-É. DE FERRIERES, *Correspondance inédite,* Paris 1932, 38-39, Eintrag vom 30. April – 4. Mai 1789 ; *Catéchisme du Tiers-état,* o.O. 1788 ; « Vive le Roi, vive la Nation du Tiers-état ! », *Cahier des plaines* (sic !) & *doléances,* Ende Juli 1789, BHVP, 12.631, N° 11, 59 ; *Crédo du Tiers-état ou Symbole politico-morale,* o.O. 1789 ; *Le Pater du Tiers-état,* o.O. (1789) ; *Avis salutaire au Tiers-état,* o.O. 1789 ; *Le chansonnier du Tiers,* o.O. (1780), usw. usw.

es nicht, er verhält sich anders denn als Stand – dies führt zu Begriffsverwirrung und schafft nicht die erwünschte Klarheit. Schließlich zeichnet sich eine Lösung ab. Der Begriff des *Tiers état* wird in der politischen Aktualität gestrichen, in die Geschichte verwiesen und – sich sukzessive überlagernd – durch *commun(e),* *peuple* oder übergreifend durch *nation* ersetzt.[204]

In den Äußerungen aus dem *Tiers* über den *Tiers* schon vor der Revolution zeigt sich das Bestreben, sich selbst als dem qualitätslosen, unzusammenhängenden und letztlich nur in Opposition zu Adel und Geistlichkeit negativ definierten Dritten Stand aufzuwerten und sich eine eigene Qualität zu geben. Zum einen, heißt, sei man von den Privilegierten schlecht behandelt worden; zum anderen seien Vertreter des Tiers gleichsam übergelaufen, indem sie sich Titel erkauft und zugelegt hätten. Demgegenüber besitze der Tiers einen Adel eigener Art, den er mit Stolz tragen könne und müsse.

Es gibt auch direkte Bezüge von *Tiers* zu *nation* (*Tiers* als größter Teil der *nation* oder "fast" die gesamte *nation*). Doch hier findet ein deutlicher Rückbezug von *nation* auf die insgesamt noch ständisch gegliederte Gesellschaft statt. Erst die *Ersetzung* des *Tiers* durch *peuple* emanzipiert den Begriff der *nation* von der Referenz auf die ständische Gesellschaft, zumindest potentiell. Freilich muß das noch nicht heißen, daß der neue Volksbegriff

---

[204] « Le mot peuple corrige tiers. » 4 ; le « Tiers-État, qui moralement parlant est la Nation », *Qu'est-ce que la Révolution ?*, o.O. 1790, 10f.; « Mot qui est presque devenu une injure : Le Tiers-état est à présent les communes ; il n'y a que le nom de changé ; la composition est toujours la même », *Nouveau dictionnaire français*, nouv. éd. Paris 1790, 123-124. Um gekehrt : « La même tactique de sophismes supplée encore ici à la pénurie des raisons de l'auteur ; et selon sa coutume, pour prouver que le tiers-état est tout, c'est-à-dire la nation, il commence par donner une fausse définition de la nation (…). » M. DE MONTFERRAND, *Qu'est ce que l'Assemblée Nationale ?*, o.O. 1791, 76 ; « l'auteur » ist Sieyès.

auch durchgängig und konsequent derart politisch er- und gelebt wird.

Es sind drei Argumente, welche immer wieder vorgetragen werden:

- ein *quantitatives*: Der Dritte Stand sei "fast das ganze Volk", während demgegenüber die anderen beiden Stände numerisch vernachlässigt werden könnten. Erst werden *Tiers* und *peuple* synonym gebraucht bzw. *peuple* als Erklärung für *Tiers* gegeben, und später wird der Begriff des *Tiers* als einem vergangenen geschichtlichen Zusammenhang obsolet geworden zugeordnet. Im selben Zuge wird *Tiers* über *peuple* zu *nation* verlängert, *peuple* verliert dabei seine ständische Bindung und gewinnt über die soziologische Argumentation eine neue, jetzt politische Qualität.

- ein *qualitatives*: Ausschließlich der *Tiers* umfasse alle für das Gemeinwohl *nützlichen* Berufe, wodurch er der wichtigste und vornehmste, mit einem Adel eigener Art ausgestattete Stand sei.

- ein *ökonomisches*: Der *Tiers* sei nicht nur der gesellschaftlich nützliche Stand schlechthin, sondern auch der einzige, der gesellschaftlichen Reichtum schafft. Hier schlägt ein physiokratisches Argument durch, das zwischen produktiven und sterilen Klassen unterscheidet.

Das alles sind nicht bloß intellektuelle Wendungen, sondern offensichtlich popularisierende und populäre Aneignungen, die eine eigene politische Volkskultur begründen und unterhalten sollen. Der *Tiers* feiert sich selbst als Volk, indem es sich selbst als "fast das ganze Volk" entdeckt. "Vive le tiers état" wird zum Losungswort, aber auch zur Parole der Selbsterkenntnis, schließlich des Enthusiasmus an sich selbst. Man erkennt sich gegenseitig in dieser Bedeutung und Positivität an, und über diese Attributivität begeistert man sich dann.

Der Prozeß der Selbstfindung und Selbsterkenntnis vollzieht sich oftmals recht schwierig, wie die Quellen belegen. Manchmal gehört theoretische Überzeugungsarbeit dazu, verstärkt durch rabiate Prügel, daß jemand seine "objektive" Stellung in der Gesellschaft erkennt, sich zu der Position hinzurechnet und auch an der Selbstfeier teilnimmt. Es geht um eine kollektive Selbster-kenntnis, die Gesellschaft zu *sein*. Das ist sowohl aktiv wie passiv überwältigend. Es bleibt immer auf die Soziologie bezogen, also auf die *konkrete* Gesellschaft. Der Übergang vom Dritten Stand zum Volk bleibt auf derselben empirisch-gesellschaftlichen Ebene. Er ist mit einer enormen Aufladung an positivem Selbstwert verbunden, "praktisch" die Totalität der Gesellschaft auszumachen.

Es bleibt also weiterhin noch bei einer quantitativen Vorstellung. *Tiers/peuple* breitet sich über das ganze Land aus, aber nach demselben Muster wie vor Ort, was man selbst sieht und erfährt. Das empirische Volk ist positiv überall.Von daher erklärt sich das Bestreben, flache, nicht hierarchisch oder zentralistisch angeordnete Netzwerke auf der Ebene des als Volk sich selbst erkennenden *Tiers* zu organisieren: auf der Ebene der Stadtviertel, der Distrikte, der Kommunen, der Städte, der Klubs und Assoziationen, unter Umgehung von Paris sowie der weiterhin *daneben* existierenden Repräsentativstruktur, welche das einzige Haupt zu sein beansprucht.[205]

Von hier aus ist nicht nachzuvollziehen, daß die Abgeordneten in der Nationalversammlung etwas anderes sein und repräsentieren sollten als eben Delegierte des *Tiers* nach Wahlkreisen mitsamt deren konkreten Interessen. Wenn sie etwas anderes tun, werden die *représentants de la nation* eben zu nichts anderem als den *infidèles députés du peuple*.

Zusammengefaßt: *Tiers état* ist zunächst ein technischer subsidiärer Verlegenheitsbegriff ohne sichtbare innere Struktur, repräsentiert von den erkennbaren Eliten in Verwaltung, Wirt-schaft, Wissenschaft und freien Berufen. Über etwa 150 Jahre wäh-rend derer keine Generalstände mehr einberufen werden, bleibt er

---

[205] L. JAUME, *Le discours Jacobin et la démocratie*, Paris 1989, spricht von « acéphal/bicéphal ».

sich funktionslos selbst überlassen. Lediglich in den Provinzial-ständen und auf lokalem Niveau spielt er noch eine ständepoliti-sche Rolle, jedoch nicht mehr auf gesamtgesellschaftlicher Ebene. Dadurch steht er praktisch zur fast freien Disposition. Ab den 1760er Jahren wird er als Defintions-, Identifikations- und schließ-lich als Kampfbegriff neu besetzt. Er bezeichnet die überwältigen-de Mehrheit der arbeitenden, nützlichen, gebildeten, wirtschaften-den Gesellschaft im Gegensatz und schließlich in Opposition zur physiokratisch als steril und parasitär aufgefaßten Minorität der ersten beiden Stände. Die Standeshierarchie wird damit verworfen. 1789 treffen zwei ganz gegensätzliche Argumentationsstrategien aufeinander. Die eine will davon überzeugen, daß der *Tiers* weiter-hin die besten gesellschaftlichen Chancen *innerhalb* des alten („an-tique"), vergessenen, nun aber zu reaktualisierenden Ständesystems realisieren könne; die andere will die gesellschaftliche Realität im System der Generalstände abbilden und sprengt sie dadurch von der Sache her. Das führt zu einer tiefen Verunsicherung der Be-griffsverortung. Vorübergehend mag der *Tiers* 1789 zu einem en-thusiastischen militanten Orientierungswort werden. Doch bereits kurzfristig wird die kritische Desorientierung dadurch gelöst, daß der Begriff historisiert und – je nach Kontext - durch *communes, peuple* und *nation* ersetzt wird. Er hat außerhalb seines virtuellen Funktionszusammenhangs der Generalstände eine kurze Konjunk-tur erlebt, um dann mit seinem Sieg sogleich verabschiedet zu wer-den.

Die Geschichte des *Tiers* hat ein historiographisches Nachspiel. In der Restauration setzt bei den Liberalen François-Pierre-Guillaume Guizot und Augustin Thierry eine Reflexion ein, die sich nachhaltig auf die französische Geschichtsperspektive auswirken wird.[206] Thierry zufolge ist die Revolution die Kulminaton eines jahrhunderlangen Kampfes der *roture*, des

---

[206] G. DIETRICH, Guizot, Augustin Thierry und die Rolle des Tiers État in der französischen Geschichte, in: *HZ* 190 (1960), 290-310.

Bürgertums gegen den Adel, verbunden mit städtischer Entwicklung (*révolution comunale*) im hohen Mittelalter. Guizot bringt ebenso Städtewesen, Bildung, Bürgertum und *Tiers état* in enge Verbindung miteinander auf einem gemeinsamen Weg zur Revolution als Gipfel. *Tiers état* wird hier gern identisch gesetzt mit *peuple* oder *pays*. Für Thierry ist die Revolution die Kulminaton eines jahrhunderleangen Kampfes der *roture*, des Bürgertus gegen den Adel, vrbunden mit städtischer Entwicklung (*révolution comunale*) im hohen Mittelalter. Ebenso bringt Guizot Städtewesen, Bildung, Bürgertum und *Tiers état* in enge Verbindung und auf gemeinsamen Weg zur Revolution als Gipfel, wobei *Tiers état* gern identisch gesetzt wird mit *peuple* oder *pays*. Hier stelle sich die Frage, wie ein Begriff primär negativen Inhalts im 18. Jahrhundert geradezu zum Schlachtruf der Bourgeoisie hat werden können.

Thierry führt das zu einer historiographischen Grundsatzkritik aus. Die Auffassung vom Aufstieg der Mittelschicht sei vage und blickverstellend. Auch seien die Kommunen keineswegs demokratisch, sondern Teil des Feudalsystems gewesen. Es sei falsch, *Tiers état* mit Bourgeoisie gleichzusetzen, wie es überwiegend geschehe. Vielmehr sei *Tiers* die gesamte Nation ohne Adel und Geistlichkeit. Mit dem sozialen Wandel von 1789 verschwinden Begriff und Sache des *Tiers état*. Bis dahin aber sei seine Geschichte die „histoire même du développement et du progrès de notre société civile». Insofern falle zwar die Geschichte des Dritten Standes mit der des Bürgertums zusammen, sei aber nicht mit dieser identisch, sondern gleichsam deren Rückseite.[207]

---

[207] A. THIERRY, *Essai sur l'histoire de la formation et des progrès du tiers état*, Bruxelles 1853 (sein synth. Spätwerk).

4.3 Assemblée

4.3.1 Geschichtliches Feld

Das Ancien régime kennt mehrere *assemblées*, im *Furetière* definiert als "jonction qui se fait de personnes en un même lieu pour le même dessein": die jährlichen der Stände in den Provinzen, die im fünfjährigen Wechsel durchgeführten "großen" und "kleinen" der Geistlichkeit, die der *États provinciaux* und *États généraux* sowie solche zu ihrer Vorbereitung, getrennt nach Ständen und Korporationen; außerdem existieren auf lokaler Ebene unauffälligere Versammlungen der kommunalen Selbstverwaltung, denen allerdings kaum das offizielle Prädikat der *assemblées* zukommt.[208] Denn offensichtlich bezieht sich dieser Begriff auf ein funktionelles Verhältnis zum König als Souverän: Die *assemblées du clergé* und der *pays d'états* handeln unter sich und mit dem König Art und Höhe der an ihn abzuführenden Steuern aus, die *assemblées* der Notablen und der Provinzial- bzw. Generalstände erstellen ein Meinungsbild und führen einen möglichst breiten Konsens her, unterstützt durch schriftliche Konsultationen oder die *doléances* der Stände. Die an den Versammlungen teilnehmenden Personen werden entweder gewählt oder ernannt. Sie gelten gleichermaßen als *représentants*. In letzter Instanz ist die Bewilligung der Finanzen, des Haushalts des Souveräns an die *assemblées* gebunden und wird von diesen wiederum zur politischen Widerstandstechnik ausgefeilt.

---

[208] M. MARCEL, *Dictionnaire des Institutions de la France aux XVIIe et XVIIIe siècles*, Paris 1923; D. RICHET, Denis, Assemblées révolutionnaires, in: *Dictionnaire critique de la Révolution française*, Paris 1988, 453-461; J. GODECHOT, Aux origines du régime représentatif en France: des Conseils politiques languedociens aux conseils municipaux de l'époque révolutionnaire, in: E. HINRICHS, E. SCHMITT, R. VIERHAUS (Hg.), *Vom Ancien régime zur Französischen Revolution*, Göttingen 1978, 11-23.

Daneben gibt es *assemblées illicites, clandestines*, also Geheimgesellschaften. Jene offiziellen sind zwar ebenfalls nicht durch „Öffentlichkeit" gekennzeichnet, aber diesen letzteren fehlt genau der wesentliche funktionale ständische Bezug, insbesondere etwa zur königlichen Souveränität. *Crimes d'assemblée* oder *d'association* beziehen sich auf solche Geheimgesellschaften, worunter auch protestantische Gottesdienste fallen können, soweit sie nicht stillschweigend als private, häusliche Gesellschaften geduldet werden, sondern den Tatbestand der darüber hinausgehenden offenen Organisation (etwa überlokale und - regionale Hierarchie, Delegation, Korrespondenz und Beschlußfassung) erfüllen.[209]

Dies alles hat eine Vorgeschichte, die mindestens zu den französischen Religionskriegen des 16. Jahrhunderts zurückreicht. Auch wenn in Frankreich die aristokratischen über die demokratischen Momente des Calvinismus die Oberhand behalten, so gehen doch bestimmte Praktiken der protestantischen Gemeindeordnung in das politische Verhalten über. Es ist dies vor allem das Prinzip der Versammlung und die Techniken der öffentlichen Rede, der Wahl, der Hierarchie. Neben die Kirchenversammlungen treten im Süden und Westen Frankreichs die *assemblées politiques* (Nîmes 1562, Bagnols 1563, Montpellier 1567, Nîmes 1569, Anduze 1570 ...). Das in einer von Protestanten und Katholiken gebildeten *assemblée* verabschiedete Reglement von Nîmes setzt 1575 einen *conseil provincial* ein und verwandelt die *assemblée de généralité* in eine *assemblée générale*, die *états généraux* in *assemblées générales*, in welche jede Provinz einen Deputierten für den Adel und zwei für den *Tiers état* entsenden soll.[210] Hier ist bereits ein Grundstein für die revolutionäre Forderung nach dem *doublement du Tiers* gelegt. Festzuhalten ist, daß diese politische Bewegung in den Religionskriegen keineswegs

---

[209] G. LIVET, *Les guerres de religion (1559-1598)*, Paris 1993.
[210] Ebd. 53f.

auf die Calvinisten beschränkt bleibt. Denn gleichzeitig etablieren sich in der katholischen Kirche Frankreichs die *assemblées du clergé*, werden von 1580 bis 1594 allein 8 *conciles provinciaux* abgehalten und wird 1585 die Rückkehr zum Wahlsystem gefordert. 1615 verkündet die *assemblée du clergé* schließlich: "l'Eglise de France tient le concile pour bon et publié et se conformera en tout à ses décrets".[211]

Die *Assemblée de 1596*, von Henri IV nach Rouen einberufen, ist eine Notablenversammlung. Er erklärt: "Je vous ai fait assembler pour recevoir vos conseils, pour les croire, pour les suivre; bref pour me mettre en tutelle entre vos mains (...)", was er mit seiner "violente amour que j'apporte à mes sujets" erklärt.[212]

Auf den *Etats généraux* 1614 in Sens flackern Zeichen des Selbstbewußtseins des *Tiers* auf: In einer versöhnend gemeinten Ansprache für seinen Stand vor der Noblesse erklärt de Mesmes, die drei *États* seien Brüder - die Geistlichkeit der älteste, der Adel der folgende, der Tiers der jüngste; und in Familien komme es oft vor, daß "les aînés ravaloient les maisons, et les cadets les relevoient et portoient au point de la gloire". Umgekehrt läßt der Adel protestierend vom Baron de Seneçay vortragen, daß gegenüber einer auf seit undenkbaren Zeiten geleistete Dienste begründeten Gesellschaft die einer *fraternité* ausgesprochen entwürdigend sei.[213]

1617 werden wieder keine Generalstände, sondern eine Notablenversammlung nach Rouen einberufen, desgleichen durch Richelieu 1626 eine nach Paris. Auch hier soll die traditionelle Ordnung unterlaufen werden; die *assemblée* kennt außer dem Herzog von Orléans keinen *prince de sang*, und der König erklärt in seiner Ausschreibung ausdrücklich, er erwarte von den eingeladenen Personen, daß "sans autre respect ni considération

---

[211] Ebd. 30.
[212] BAVELIER, 190.
[213] Ebd. 197.

quelconque, crainte ou désir de déplaire, ou complaire à personne, ils nous donnent en toute franchise et sincérité les conseils qu'ils jugeront en leurs consciences les plus salutaires et convenables au bien de la chose publique".[214] Die Versuche, 1649 in Orléans und 1651 in Tours *assemblées* einzuberufen, scheitern.

Die Praxis der *assemblée* ist derart integraler Bestandteil des französischen Königreiches, auch wenn zwischen 1614 und 1789 die Generalstände und zwischen 1628 und 1787 die Notablen nicht versammelt werden. Dadurch kommt es zu einer Krise der sonst durchaus eingespielten Repräsentations-Kommunikation durch die *assemblées*, von denen lediglich die der Geistlichkeit und der Provinzialstände weiterhin funktionieren. Ansonsten maßen sich die *parlements*, die obersten Gerichtshöfe Frankreichs, die Repräsentationsrechte der nicht einberufenen Generalstände an und werden auch als Faktor der öffentlichen Meinung für Versailles zunehmend unbequem.[215] Sie gründen das vor allem auf ihr Widerspruchsrecht gegen Gesetze des Königs, welches dieser wiederum nur durch ein sogenanntes *lit de justice* brechen kann, zu welchem Verfahren er allerdings selbst erscheinen muß.[216] Dem sind seinerseits die Grenzen der persönlichen Ubiquität des Monarchen gesetzt. Gerade die Versailler Versuche jedoch, die *parlements* gefügig zu machen, zum Schweigen zu bringen, aufzulösen und den Parlement-Adel zu "exilieren", macht diese Gerichtshöfe trotz ihrer Kastenstruktur zumindest in der zweiten Hälfte des 18. Jahrhunderts bis zur Revolution durchaus populär.

---

[214] Ebd. 207.

[215] M. WAGNER, Art. Parlements, *HPSG*.

[216] Diese für den König bestimmte Bank ist tatsächlich in den Parlements vorhanden.

4.3.2 Übergang zur Assemblée nationale

Die Einberufung von Notablenversammlungen und die Gründung von *assemblées provinciales* wollen einerseits an die alte Tradition der Versammlung anknüpfen; andererseits jedoch werden hieran bereits andere, neue Erwartungen verknüpft, die sich an England, der Amerikanischen Revolution, aber auch an der *parlement*-Diskussion wie überhaupt an der Entwicklung einer französischen und europäischen öffentlichen Meinung und Publizität orientieren, aber auch die "libertés germaniques" der Reichsstände im Alten Reich berücksichtigen.[217]

Die Notablenversammlungen 1787 und 1788 in Versailles zeigen dermaßen wenig Resultate, daß die *Etats généraux* für 1789 geradezu zwingend werden. Als der König die Ordonnanzen im Gefolge der *assemblée* von 1787 vom Parlement in Paris einzeln registrieren lassen will, erklärt dieses zu den Steuerfragen: "la nation, représentée par les états généraux, était seule en droit d'octroyer au roi les subsides nécessaires".[218]

Dennoch gibt es in Versailles ernsthafte Überlegungen, statt der Generalstände oder einer Notablenversammlung traditionellen Stils eine *assemblée de propriétaires élus* einzuberufen, doch solche Initiativen im Umkreis von Turgot und Malesherbes werden letztlich doch verworfen.[219] Die Notablenversammlung von November/Dezember 1788 in Versailles soll schließlich die Konditionen festlegen, unter denen die *États généraux* abgehalten werden sollen. Festzuhalten bleibt, daß neben der Idee des *doublement du Tiers* auch die Vorstellung - etwa auch bei Necker - geradezu selbstverständlich verbreitet ist, daß diese Generalstände möglichst ein proportionales Abbild sowohl der Bevölkerunsgzahl

---

[217] F.E. SCHRADER, *L'Allemagne avant l'État-nation*, 58-67.
[218] BAVELIER, 212.
[219] Ebd. 213.

wie des Steueraufkommens der *baillages* wiedergeben sollen.[220] Wenn sich nach vielen Verhandlungen schließlich der *Tiers* in Versailles als *Assemblée nationale* mit der Begründung konstituiert, er repräsentiere 96% der Nation, dann liegt dies auf einer Linie, welche bereits in der offiziellen ministeriellen Politik des Ancien régime vorgezeichnet ist. Was aus Versailler Sicht für die *États généraux* spricht, ist die Zerstrittenheit der Stände untereinander, was die Position des Hofes stärke; der Schritt, die Stände schlicht zu übergehen und die Notablenversammlungen mit einem auf das Eigentum bzw. Einkommen verbundenen Wahlsystem zu verknüpfen, ist für die Monarchie zu groß. Ihn vollzieht erst die Revolution.[221]

In dieser unklaren Lage tauchen auch neue Projekte auf. So wird die Bildung von *„deux grandes Assemblées de la Nation"* vorgeschlagen, ein Oberhaus, „Chambre des Pairs", und ein Unterhaus, „Chambre des Communes". Letztere solle sich aus von den Provinzialversammlungen jeweils gewählten Abgeordneten aus ihren Reihen zusammensetzen. Die Minister des Königs sollen beiden Kammern gegenüber verantwortlich sein.[222] In einem anderen Plan sollen die *assemblées provinciales* nicht nur für eine *Assemblée nationale* Modell werden, sondern auch für *Assemblées subordommées* in jeder Provinz.[223]

Explosiv beginnt die Lage in der Provinzialversammlung der Dauphiné in Vizille zu werden, wo bereits 1788 die Verdoppelung der Repräsentanten des Dritten Standes und die Abstimmung pro

---

[220] Ebd. 214, Anm. 2 und 3.

[221] J. EGRET, *Louis XV et l'opposition parlementaire, 1715-1774*, Paris 1970.

[222] *Le Véritable Patriotisme*, o.O. 1788, 32-33.

[223] „L'idée de la Monarchie présente trois choses: un peuple, un Roi, & des lois; un peuple communiquant avec son Roi, en corps ou par députés (...) ; des lois constitutionnelles () ; les loix civiles (...) ; voilà toute la machine : elle est fort simplee. (...) une espèce d'hierarchie propre à faciliter la communication des extrémités au centre, & du centre aux extrémités (...).» Der Adel besitze keine gesetzliche Gewalt. *Avis au Tiers État*, o.O. 1788, 20-21.

Kopf durchgesetzt wird. Von Necker und Ludwig XVI. wird für die *États généraux* eine allgemeine Wahl der Abgeordneten der Stände vorgesehen und die Verdoppelung des *Tiers* zugestanden, doch die traditionelle Abstimmung nach Stand soll weiterhin bestehen bleiben. Beide Prinzipien sind nun offensichtlich nicht mehr miteinander zu vereinbaren.

Zur Einberufung der Generalstände 1789 werden neue *assemblées* geschaffen: die *assemblées primaires* des *Tiers état*, zu denen alle geborenen und naturalisierten Franzosen über 25 Jahre zugelassen sind, welche die Mitglieder der *Assemblées secondaires* wählen, die ihrerseits die Deputierten zu den Generalständen bestimmen. Die *Assemblée des électeurs parisiens* besteht aus 350 Mitgliedern.

Die Verwandlung der Generalstände in eine *Assemblée nationale* ist oft als entscheidender Geniestreich der Französischen Revolution beschrieben worden. Die einschlägigen Diskussionen der Abgeordeten des Dritten Standes über die Selbstbezeichnung sind gut dokumentiert und analysiert.[224] Tatsächlich aber ist der Begriff, wie gesehen, keine Neuerfindung, sondern er zirkuliert bereits bei und sogar vor der Einberufung der Generalstände in Frankreich: diese selbst werden in ihrer Gesamtheit als *assemblées nationales* bezeichnet.[225] Von daher ist es – von der Argumentation um *Tiers état* ausgehend – nur ein naheliegender Schritt, nunmehr die *Assemblée nationale* einzuführen.Es zeigt sich, daß dieser Begriff im Lande unmittelbar einsichtig ist.

---

[224] Vgl. oben, 4.3.

[225] *Cahiers Forez I*, 16. November 1788, 32; 1. März 1789, 253: „Les députés concouront de tous les efforts de leur zèle à procurer à la France une heureuse constitution qui assure d'une manière inviolable et sacrée les droits du prince et des sujets, à tous les cytoiens la liberté et la sûreté individuelle, qu'ils ne permetent pas que la loi soit portée sans l'authorité du prince et le consentement du peuple réuni dans des asemblées nationales et périodiques (…). »; *Encyclopédie méthodique*, Assemblée nationale constituante II, 1792, 541.

Der offizialisierte Neologismus von 1789 bezeichnet in seinem ersten Teil eine Institution, in seinem zweiten universalisiert er diese als höchste Versammlung des Landes. Nicht nur die *Constituante*, sondern auch die *Législative* und die *Convention* werden durchgehend als *Assemblée nationale* bezeichnet, oder auch schlicht als *Assemblée* ohne weitere Spezifizierung.

Das geht nicht ohne Ein- und Widersprüche vor allem in den ersten Monaten der Revolution ab. Zum einen stellt sich die Selbstbenennung als *Assemblée nationale* in bewußten Gegensatz zur alten monarchischen These: "En France, la nation ne fait pas corps", wie Louis XV es ausgedrückt hatte. Die Permanenz der Nationalversammlung und die Schrankenlosigkeit ihrer Macht werden von einigen Deputierten abgelehnt, von anderen geradezu gefeiert, wieder andere sind sich über den Begriff unsicher - ob er etwa überall im Lande in gleicher Weise verstanden werde. Doch alle Deputierten sind sich darin einig: "Tout est neuf en ce moment, nous marchons à une régéneration totale."[226]

Im übrigen ist das Pariser *Parlement* mit dieser Entwicklung nicht einverstanden. Es spricht der Nationalversammlung nicht nur den Namen, sondern auch das Recht ab, anders denn als "assemblée des Etats généraux" aufzutreten, sich als "quelque nouveau corps" aufzuspielen, für sich Souveränität und den Ausdruck einer "volonté nationale" zu behaupten; diese könne nur einig sein, nicht aber zerstritten und durch leidenschaftliche Diskussionen zerrissen, in denen es um die *permanence* und um die Gewaltenteilung geht.[227]

---

[226] So S.-M.-A. de Clermont-Tonnerre in der *Assemblée nationale* am 14. September 1789, *Le Publiciste parisien*, 111, 25.

[227] „Arrêté de la cour du parlement de Paris, séant à Tournay (…). Considérant (...) que l'ordre social est anéanti, la monarchie aux abois; que les états-généraux convoqués pour rétablir les finances, et asseoir les bases d'un bon gouvernement, on tété intervertis. Que la France est livrée à l'anarchie et aux factions qui se disputent et s'en arrachent tour-à-tour les lambeaux. Que les députés des bailliages, simples mandataires de la nation, ont outre-passé tous leurs

Am Rande mag angemerkt werden, daß der hitzigen und leidenschaftlichen Debatte in der *Assemblée* anfangs oft die Entscheidungsfindung durch ruhige, individuelle Reflexion im abgeschirmten Lesezimmer entgegengesetzt wird, welche zu wirklich ausgereiften, ausgewogenen, vernünftigen Entscheidungen führe, während die öffentlichen schnellen Auseinandersetzungen, welche in der Tat erst im Laufe der Zeit einen gewissen Formalismus und die Disziplin der Redner wie der Zuhörer finden, kaum Anknüpfungspunkte in den Regeln der *assemblées* des Ancien régime finden. Es ist genau das, was Rousseau befürchtet hatte und vermeiden wollte: *tumulte*.

Il est rare qu'au milieu des discussions tumultueuses, les esprits les mieux disposés & les plus réfléchis conservent assez de présence pour considérer un sujet sous ses points de vue les plus lumineux, pour s'en former les idées les plus nettes, & les rendre en termes propres. Ce n'est que dans le silence du cabinet, dans le calme de la méditation que l'on peut jouir de ces avantages précieux. Ainsi, est il peu surprenant de ne trouver, dans la multitude d'opinions agitées sur la durée des Assemblées Nationales, ni clarté, ni exactitude, ni précision, pas même dans le décret porté sur leur permanence: question, si simple toutefois qu'il paroit difficile de concevoir comment tant d'habiles hommes ont pu s'égarer.[228]

---

pouvoirs, et l'ont subjuguée. Que jusqu'ici les opérations de l'assemblée des états-généraux sont plutôt le fruit des commotions populaires, que le résultat d'une volonté libre et d'une justice éclairée, ce qui frappe de nullité la constitution nouvelle. Que la sanction du roi, apposée aux actes de cette assemblée, ne les rend pas plus valides, et ne peut lier en acune manière le souverain légitime, ayant été surprise à la faveur des émeutes; du tumulte et de la violence, loin d'être l'effet d'une volonté libre et éclairée. » 22.Mai 1791, *L'Ami du peuple* N° 466, 2-3.
[228] *Le Publiciste Parisien*, 111, 27-28.

Immerhin wird in der Diskussion um die Permanenz der *Assemblée nationale* schnell eine warnende Rückbesinnung laut: Wenn die Nationalversammlung als Institution auch unauflöslich sei, so seien die Delegierten doch nur Mandatsträger auf Zeit, welche sich nicht von ihren Wählern gleichsam politisch verselbständigen können, sondern von ihnen zur Rechenschaft gerufen und in den Rang einfacher Bürger zurückversetzt werden können, dürfen und sollen.[229]

Während die Nationalversammlung als "nation en corps" sich schon früh als "nation assemblée" oder schlicht als "nation" verstehen kann, wird dieser Anspruch ebenso früh nachhaltig in Frage gestellt. Hier finden sich nicht nur hartnäckige publizistische Einzelkämpfer mit breiter Rezeption wie Marat in seinem *Ami du peuple*, sondern auch breit verstreute Überlieferungen, welche belegen, daß eine solche *assemblée*-kritische Position durchaus keine Ausnahme ist. Dabei gibt es eine Reihe von immer wieder fast stereotyp wiederholten Argumenten: Die Delegierten seien Verräter oder Feinde des Volkes bzw. seien es nach ihrer Wahl geworden, sie verträten Positionen, die nicht auf der Höhe der nationalen Diskussion sind, sie verhielten sich dem empirischen Volk gegenüber so, als stellten sie das wirkliche Volk dar, ohne es von der Sache her auch tatsächlich zu vertreten. Die "treuen" Vertreter des Volkes werden gegen die "untreuen" ausgespielt und sogar das Volk selbst gegen diese angerufen.[230]

Derart kann es zu verwegenen Konstellationen der begrifflichen Legitimation kommen: Da die Nationalversammlung in ihrem empirischen Handeln nicht mehr dem Volkswillen entspreche, nicht mehr "au niveau de la nation" sei, könne das empirische Volk die *assemblée* "schützen", d.h. manu militari belagern, um sie zu adäquaten Korrekturen zu zwingen. Die

---

[229] MARAT, *Le Publiciste parisien,* 111, 28-29.
[230] *Révolutions de Paris*, N° 33, 20.-27. Februar 1790, 4-7.

assemblée selbst wird aber von den Zeitgenossen weiterhin als eine prinzipielle Neuerung der Revolution angesehen.[231]

ASSEMBLEE: dans l'ancien régime le gouvernement ne vouloit point d'assemblées. On ne connoissoit à Paris que l'assemblée du Clergé. Quelques prélats l'attendoient, quelques prélats la craignoient, aussi la craignoient les francs-penseurs.
Aujourd'hui tout est assemblée, & toute assemblée est légale (…).

Hier finden sich im wesentlichen drei Anknüpfungspunkte, um die Argumente fortzuführen: Zum einen erscheint dieses *assemblée*-Wesen als hypertrophes Unwesen wider die Natur, welches es zu reduzieren und in die traditionellen Generalstände zurückzuführen gelte. Nach den Diktum des Kardinal Retz: "Qui assemble le peuple, l'émeut." Eine Rückkehr zu den « antiken » *assemblées* erscheint zumindest als erwägenswert.[232]

Je ne vois qu'un seul moyen de prévenir tant de maux, c'est le retour à l'ancienne et véritable constitution française, c'est-à-dire à l'assemblée des représentans de la nation en états-généraux. //Remarquez encore qu'on ne peut faire aucune comparaison entre une assemblée convoquée dans un moment de crise comme un re-

---

[231] P.-N. CHANTREAU, *Dictionnaire national ou anecdotique pour servir à l'intelligence des mots dont notre langue s'est enrichie depuis la Révolution, et la nouvelle signification qu'ont reçue quelques anciens mots* (…), Politicopolis 1790, 41-42.
[232] « ASSEMBLEE dite NATIONALE. Tout y est absurde, jusqu'au nom qu'elle s'est donnée contre le voeu de la nation et contre le sens commun. C'est un amalgame de brigands, de poltrons, d'imbéciles, ce qui nous coûte tous les jours beaucoup plus qu'ils ne valent. » *Nouveau dictionnaire français*, Paris 1790, 5-6.
« Enfin qu'est-ce qu'on peut attendre de cette Assemblée nationale, si ce n'est cette espèce de délire devant lequel la raison fuit, & ne laisse à sa place que la passion, souvent élevée jusqu'au fanatisme, le plus cruel ennemie de la vérité, & par conséquent de l'intérêt général ? » D'ARCQ, *De la convocation des États généraux*, o.O. 1789, 28.

mède violent, ou une assemblée devenue un des ressorts habituels du gouvernement. Cette ressource devient inutile et même perni- cieuse, sitôt qu'elle est nécessaire par une crise violente.//Alors l'assemblée se compose nécessairement de gens absolument neufs dans les matières qu'ils ont à discuter, et présomptueux à proportion de leur ignorance; elle n'est guidée par aucun exemple; ses procé- dés et sa marche ne sont circonscrits par aucune jurisprudence (uti- le frein des corps puissans, quoi qu'on ne dise).

Zum anderen wird die *Assemblée nationale* weiterhin in eine Traditionslinie gesetzt, welche bis in die Gründungszeit der französischen Monarchie zurückreiche. Drittens schließlich wird die *assemblée* zu einem historischen Recht, welches sich das Volk als Nation 1789 neu erkämpft habe und welches es zu verteidigen gelte.[233]

Toute Assemblée qui n'a pas pour objet de troubler l'ordre public ne peut être défendue. Chacun a le droit de réunir chez soi autant de personnes qu'il lui plaît, pour s'entretenir des affaires publiques ou de toute autre chose; pourvu qu'il ne se passe rien dans ces assem- blées de contraire au bon ordre et aux lois. (…)// Les Assemblées du peuple sont donc garantes de sa liberté.

Dieser letzte Punkt wird dann in zwei weiteren Argumentationslinien ausgeführt, die sich konfrontieren können. Die eine geht davon aus, daß das empirische Volk den Gesetzen der Nationalversammlung gehorchen müsse und daß auch die *assemblées législatives* nicht nach Belieben schalten und walten können, sondern sich innerhalb der von der Konstitution vorgegebenen Grenzen bewegen müssen. Tendenziell konkurrierende *assemblées* - wie die der städtischen *communes* - stellen für die *Assemblée nationale* eine Bedrohung dar, die in

---

[233] *Dictionnaire*, 49.

dieser Logik ausgeschlossen werden muß. Die andere Linie unterstreicht umgekehrt, daß die *Assemblée nationale* ihre Macht vom Volke, von der Nation erhalten habe und sich nicht über diese stellen könne, was unlogisch und absurd sei. Anschaulich wird von hier aus die Gegenposition attackiert.[234]

Ces idées se présentent d'autant plus naturellement, qu'on sait qu'il existe, dans le nombre des députés patriotes, un certain nombre de partisans outrés de la représentation absolue, c'est-à-dire, de la souveraineté de l'assemblée nationale.
Ces membres, dont le talens ont une certaine influence sur les travaux de l'assemblée, regardent-ils le peuple comme incapable d'apprécier le mérite d'une loi? ou bien pensent-ils que, la représentation absolue s'établit, ils pourront faire, sous le nom de l'assemblée nationale, ce que les ministres faisoient sous le nom du roi?
(…) L'assemblée a passé ses pouvoirs.(…) que nous applaudissons à leurs efforts: mais ils (sc. les félicitations) ne peuvent jamais tenir lieu du mandat impératif, ou de la ratification nationale, sans lesquels il est impossible de concevoir que la volonté des députés représente la volonté générale. // On se demande tout de suite: combien d'années l'assemblée nationale compte-t-elle donc rester en exercice?

Tatsächlich wird hier jeweils zweierlei in einer Reihe ganz unterschiedlicher Konzeptionen mitgedacht und teilweise explizit auseinandergesetzt: die politischen Repräsentation und die Souveränität des Volkes als Nation. Beides besitzt eine Vorgeschichte im Ancien régime, ist in ihr, aber auch während der Revolution mehrfachem Wandel unterworfen und verteilt sich unterschiedlich in den politischen Auseiandersetzungen der Epoche.

---

[234] *Révolutions de Paris*, N° 33, 4-7.

Mit ihren Aufgaben wechselt die *Assemblée* Namen und Charakter:

- Im Juni 1789 lädt der Tiers die anderen Stände ein, zusammen mit ihm zu tagen, und erklärt sich zur *Nation assemblée* bzw. eben *Assemblée nationale*, welcher auch vom König keine Befehle gegeben werden könnten; sie löst sich nicht mehr nach Ständen getrennt auf, sondern bleibt zusammen, um eine Konstitution des Königsreichs zu erarbeiten. Sie wird *Constituante* und verabschiedet eine Reihe grundlegender Gesetze zur Aufhebung des Feudalismus, zur rechtlichen Gleichheit und Freiheit der Person. Das Privateigentum soll allerdings nicht angetastet werden. Die Verfassung vom 3.-14. September 1791 schließt die Arbeit der *Assemblée nationale* ab. Die *Constituante* erklärt das Ende der Revolution und löst sich auf. Zuvor hatte die *Assemblée nationale* - auf Antrag Robespierres - ihre Mitglieder von einer direkten Wiederwahl ausgeschlossen. 1790 hatte die *Constituante* die *Assemblées de département* geschaffen, welche die Départements verwalten sollen. Aus ihnen werden sich wiederum viele Abgeordnete der *Convention* rekrutieren.

- Im Oktober 1791 tritt die *Assemblée législative*, zusammen, die bis Ende September des folgenden Jahres im Amt bleibt. Der Aufstand vom 10. August 1792, gegen die gemäßigte *assemblée* gerichtet, führt zur Absetzung des Königs. Die Exekutive wird einem von der Legislative gewählten sechsköpfigen Ministerrat übertragen, darunter Danton. Zunehmend gerät die Legislative unter Druck und Zugzwang, welchen die revolutionären Klubs in Paris und in der Provinz zusammen mit der *Commune* von Paris ausüben, welche nicht nur die Stadtmagistratur stellt, sondern politische Macht *neben* der *Assemblée* ausübt. Männer wie Robespierre und Danton spielen auf den Klaviaturen aller dieser Institutionen gleichzeitig.

- Am 20. September 1792 wird die *Assemblée législative* durch die *Convention* abgelöst, genannt nach dem amerikanischen

Vorbild und intendiert als neue *Assemblée constituante*. Die bereits in der *Législative* dominierenden Girondins haben zunächst auch hier die Mehrheit hinter sich. Die *Commune* ist u.a. mit Robespierre, Marat, Danton vertreten, aber auch Philippe Egalité, der ehemals freimaurerischen Herzog von Orléans ist präsent. Die Versammlung teilt sich in die radikale Montagne um die genannten Pariser Abgeordneten auf der Linken, ihre jeweils spezifischen Gegner und ansonsten die Plaine oder den Marais, die Mitte. Der 2. Juni 1793 markiert die Niederlage und Ausschaltung der gemäßigten Girondisten. Die *Convention* votiert den Ausnahmezustand, der vom Wohlfahrtsausschuß exekutiert wird. Die Montagne amputiert sich sukzessive selbst durch die Eliminierung der Hebertisten, Dantonisten, schließlich Robespierres 1794. Der Einfluß der Klubs und der *Commune* wird nunmehr von der Konvention zurückgedrängt und das Repräsentationselement als einzig legitimes politisches Moment durchgesetzt. Gut ein Jahr später wird eine neue Verfassung verabschiedet. Die *Commune* wird durch eine Verwaltungs- und eine Finanzkommission ersetzt. Den Klubs wird eine öffentliche kollektive politische Meinungsbildung, die Kommunikation untereinander und die kollektive Adresse an die Repräsentanten untersagt. Das Interesse der politischen Repräsentation und des Privateigentums wird deutlich formuliert. Im folgenden wird das Prinzip der Kombination von *assemblées* und politischer Öffentlichkeit bis 1848 geradezu systematisch heruntergefahren.[235]

---

[235] J. TULARD, J.-F. FAYARD, A. FIERRO (Hg.), *Histoire et dictionnaire de la Révolution française*, Paris 1987; M. ERBE (Hg.), *Vom Konsulat zum Empire libéral. Ausgewählte Texte zur französischen Verfassungsgeschichte 1799-1870*, Darmstadt 1985.

4.3.3 Diskussion der Assemblée

Beim Übergang zur *Assemblée nationale* kann sich der *Tiers état* wie gesehen darauf stützen, daß bereits vorher die Generalstände insgesamt so benannt worden sind. Dies kann nunmehr mit dem Argument kurzgeschlossen werden, daß der Dritte Stand die erdrückende Mehrheit der Nation ausmache und diese ohne ihn nichts sei. Hinzu kommt, daß man sich auf eine breite französische Tradition von *assemblées* berufen kann, vom lokalen über das provinziale bis zum nationalen Niveau: Kommunen, Provinzialstände, Notablenversammlungen, Versammlungen der katholischen und der protestantischen Kirchen, das alles mit einem verfaßten Regelwerk (Diskurse, Abstimmungsverfahren). Bereits in den 1770er Jahren gibt es Diskussionen und Experimente, lokale und regionale Verantwortungen *assemblées* zu übertragen, und es werden sogar Überlegungen vorgetragen, zur besseren Effizienz dieser Organe die Gliederung nach Ständen praktischerweise ganz aufzugeben. Doch Necker (1778/79) und die Notablenversammlung von 1787 widersetzen sich dem.[236] Gleichzeitig steht *assemblée* unter einem zumindest potentiellen Verschwörungs- und Umsturzverdacht, wenn sie nicht streng und überschaubar einen ständischen Rahmen einhält.

In diesem Kontext ist es nicht verwunderlich, daß der – nach der gepflegten Semantik systematisch logische - Übergang zur *Assemblée nationale* nicht durchgängig nachvollzogen werden kann, auch innerhalb der Nationalversammlung nicht. Immer wieder melden sich Stimmen, die als eigentliche *Assemblée nationale* nur die Generalstände auffassen können. Das neue Konkurrenzunternehmen zu den *États généraux*, das aus ihnen selbst heraus proklamiert wird, bleibt in vielerlei Hinsicht unverständlich.

Zunächst bringt die Referenz auf das britische Unterhaus als *Communes* nicht viel, denn es gibt kein Oberhaus, und der Platz

---

[236] *Dictionnaire historique*, 51.

des Königs in Frankreichs neuer *Assemblée* bleibt in der öffentlichen Meinung trotz der logischen Stringenz der gepflegten Semantik recht unklar. Weiterhin will und muß sich die *Assemblée* ebenso wie die revolutionäre und publizistische Öffentlichkeit darüber Klarheit verschaffen, welchen Status dieses Gebilde eigentlich hat, welche Ziele es verfolgt und welchen Regeln es unterworfen ist, und zwar auch in Bezug auf seine Wähler, die ja ursprünglich Wähler zu den Generalständen waren und nun ein anderes Resultat ihrer Wahlen vor Augen haben.

Die eine Frage wird damit beantwortet, daß sich die Nationalversammlung Namenserweiterungen gibt, die mehr oder weniger konkret ihre Arbeitsziele angeben: *constituante* (17. Juni 1789 – 30. September 1791), *législative* (1. Oktober 1791 – 20. September 1792), dann bis zur Direktorialregierung 1795 *Convention*. Was das *national* angeht, so gehen die Interpretationen weit auseinander. Zum einen wird der neuen *assemblée* dieser Titel schlicht abgesprochen. Zum anderen wird er an die Wahlversammlungen zurückgebunden, die sich wie in den Pariser Distrikten nicht aufgelöst haben. Jedenfalls ist der Diskurs der gepflegten Semantik nicht vorherrschend. Im Gegenteil, es drückt sich eine deutliche begriffliche Unsicherheit aus, die offensichtlich nicht mit einem Schlag gelöst werden kann.

Da die *nation* permanent existiert, fragt sich nunmehr auch, wie ihre *assemblée* tagen soll. Das Problem hat sich bislang nicht gestellt, weil die Generalstände und auch die *assemblées des notables* gar nicht oder nur unregelmäßig vom König einberufen worden waren. Die Diskussionslage stellt sich zunächst als ziemlich konfus dar, was auch an dem ungeklärten Verhältnis zu den Distrikten und zur *Commune* liegt. Innerhalb der Nationalversammlung wird die Frage zumindest von der gepflegten Semantik her (immer wieder: Sieyès und Roederer) derart aufgeteilt, daß man zwischen der Permanenz der Nationalversammlung selbst und der zeitlich begrenzten Präsenz ihrer gewählten Mitglieder unterscheidet.

Die Stellung des Königs trägt zur begrifflichen Konfusion bei. Seine Amtszeit ist nur durch seine Lebensdauer begrenzt und wird durch seinen erblichen Nachfolger weitergeführt. Obwohl er von der gepflegten Semantik ausdrücklich der Exekutive zugerechnet wird, bleibt er in der allgemeinen, dem Ancien Régime verhafteten Vorstellungswelt weiterhin Repräsentant der Nation *neben* der Nationalversammlung. Seine Flucht, Verhaftung und Verurteilung zum Tode *durch* die *Assemblée nationale* beendet die vage Problematik.

Immer wieder und praktisch permanent ist die Nationalversammlung direkten Pressionen von außen ausgesetzt, denen sie sich nicht entziehen kann. Das reicht vom eigentlich individuellen, dann aber faktisch doch auf kollektive Institutionen erweiterten Petitionsrecht bis hin zu bewaffneten Besetzungen. Durch Mehrfachmitgliedschaften vieler Abgeordneter in Nationalversammlung, *Commune* und Klubs sind kaum wirkliche begriffliche Abgrenzungen ihrer Funktionszusammenhänge möglich. Auch gibt sich die *Assemblée* mit und nach dem *régicide* von 1793 weitgehende Rechte der Judikative und der Exekutive. Die schillernde Position der *représentants en mission* zeugt von dieser Mehrdeutigkeit.

Die sachliche und begriffliche Unschärfe der Nationalversammlung, zudem in Konkurrenz zu anderen Versammlungen und immer auch durch die Möglichkeiten einer Konterrevolution von innen oder außen bedroht, führt letztlich 1795 zu ihrer Selbstauflösung durch die Direktorialverfassung, die sie sich gibt bzw. geben läßt. Nicht zuletzt unter dem Eindruck der Volkserhebung und Besetzung der *Convention* im Germinal des Jahres III werden alle Klubs unterdrückt. Von *assemblée nationale* ist weiterhin keine Rede mehr. Erst im Gefolge der Februarrevolution 1848 und 1871 taucht der Begriff jeweils kurzfristig als der einer der nationalen

Neugründung wieder auf. Das langlebige Provisorium der III. Republik zieht den Terminus *chambres* vor.

4.3.4 Assemblées und sociétés

Im Ancien Régime sind die *sociétés* gleichsam eine Abspaltung der *assemblées*, und zwar insofern sie sich nicht in das Gerüst der bestehenden ständischen und kirchlichen - einschließlich der calvinistischen - Organisationsformen integrieren lassen, sondern sich mehr oder weniger bewußt außerhalb ihrer konstituieren. Hier ist eine Doppelbewegung zu verzeichnen. Die eine führt über relativ geschlossene aber transparente und durchlässige Gesellschaften (*salons, sociétés de lecture*) zur Formierung und Reproduktion einer öffentlichen Meinung, liefert ihr Gegenstände und Stoff, ist allerdings auch dezentralisiert, amorph strukturiert und derart von der Administration kaum angreifbar.[237] Die andere führt zur Bildung regelrechter Geheimgesellschaften - aus der Sicht der Legalität des Ancien Régime. Beide Soziabilitätsstränge schließen einander nicht aus, sondern kummunizieren miteinander über die Formen der individuellen Mehrfachmitgliedschaft (Freimaurer ist zugleich Mitglied einer Lesegesellschaft, eines *musée* ...) oder über Doppelstrategien (Freimaurerlogen halten nicht nur geschlossene, sondern auch öffentliche Sitzungen ab, organisieren Wohltätigkeitsveranstaltungen, publizieren Pamphlete und Bücher auf dem Markt der Öffentlichkeit ...).

Im 18. Jahrhundert nimmt die Soziabilitätsbewegung in Europa und insbesondere in Frankreich einen zeitgenössisch als sensationell wahrgenommenen Aufschwung. Sicher kommt bei der "rage de s'associer" auch ein modisches Moment ins Spiel; es reicht

---

[237] Die Regierung versucht selbst, die öffentliche Meinung zu beeinflussen. K.M.BAKER, Politique et opinion publique sous l'Ancien Régime, *Annales ESC*, 42, 1987.

aber zu einer Erklärung des gesellschaftlichen und kulturellen Phänomens bei weitem nicht aus. Nimmt man allein die offiziell anerkannten Freimaurerlogen, so werden in Frankreich 1789 etwa 700-800 Logen mit ca. 40.000 Mitgliedern registriert.[238] Hinzu kommen unzählige unautorisierte Winkellogen. Die Scheidelinie zwischen beiden Kategorien ist im wesentlichen eine soziale. Handwerker und Kleinhändler, Arbeiter und Bedienstete werden in der Regel aus moralisch gewendeten Argumenten der gesellschaftlichen und kulturellen Inferiorität abgewehrt.

Im hier vorgegebenen Kontext ist ein anderer Aspekt von Interesse. Zum einen unterhalten die Logen bereits früh in breitem Maßstabe direkte und dezentrale Verbindungen miteinander. Das betrifft benachbarte Ateliers am selben Ort oder in derselben Region, aber auch Besuche von Gästen aus fernliegenden, ausländischen, selbst transatlantischen Logen. Darüber wird penibel Buch geführt. Aber auch regelrechte Korrespondenzen etablieren sich, die ebenfalls reich dokumentiert sind. Diese Kommunikation läuft zunächst recht unregelmäßig und über unübersichtliche persönliche Abhängigkeiten bzw. Beziehungen. 1773 wird dem durch eine erfolgreiche organisatorische "Revolution" des Grand Orient de France ein Ende gesetzt. Die Einzelheiten dieser tiefgreifenden Organisierung sind kaum erschlossen. Ihr Resultat allerdings ist signifikant:

- Die bislang geübte Praxis, daß Einzelpersonen Patente - mit persönlichem Gewinn - nach Gutdünken und Belieben verteilen und wieder entziehen können, wird abgeschafft.

- Jede Loge muß sich neu auf ihre "Regelmäßigkeit" überprüfen und im Pariser Zentrum akkreditieren lassen.

- Jede Loge delegiert einen oder mehrere Vertreter als Sprecher in die Pariser Zentrale.

- Die Pariser Zentrale des Grand Orient wiederum begreift und benennt diese regelmäßige Verbindung zwischen den Logen, ihren

---

[238] Angaben bei D. ROCHE, *Le siècle des Lumières en France*, 2 Bde, Paris 1978.

Vertretern und dem Zentrum selbst als ein System der Repräsentation.[239]

Die Französische Revolution greift gleich in mehrfacher Weise in die Assoziationsformen ein. Am besten läßt sich dies an lokalen und regionalen Beispielen verfolgen. Die Sozietäten werden zunächst deutlich politisiert. Das betrifft die Logen, aber auch die *musées*. Zwar ist man sich in den Logen bewußt, daß es nicht zu den freimaurerischen Prinzipien gehört, am politischen Geschehen teilzunehmen. Doch sei die neue Verfassung derart gut den maurerischen Fundamenten angepaßt, daß Nation, Gesetz und König zum Gegenstand der reflexiven Logenarbeit gehörten. Dennoch geht die Aktivität der Freimaurer deutlich zurück, und dies wird zeitgenössisch mit dem "Aufeinanderprallen der politischen Meinungen durch die Revolution" erklärt.[240] Es werden auch neue Klubs jeder politischen Spielart gegründet, teilweise durch Abspaltungen von bestehenden Sozietäten.

Zwischen 1789 und 1791 bilden sich beispielsweise in Bordeaux verschiedene politische Klubs: *Club du Café national, Amis de la Constitution, Société des surveillants zélés de la Constitution, Société patriotique, Club de la Merci*, ein Frauenclub. Aber auch konterrevolutionäre Klubs sind präsent: *Club monarchique, Amis de la patrie, Amis de la paix, Club des Impartiaux, Club des Innocents, Société de la Jeunesse bordelaise*.[241] Die politischen Gesellschaften sind sozial unterschiedlich zusammengesetzt: *La Merci* und die *Surveillants*

---

[239] Vgl. oben, 2.4.

[240] J. COUTURA, *La Franc-maçonnerie à Bordeaux, XVIIIe-XIXe siècles*, Marseille 1978, 80.

[241] J. BOUTIER, PH. BOUTRY, S. BONIN, *Les sociétés politiques* [=Atlas de la Révolution française 6], Paris 1992; die Quellenlage ist in Bordeaux günstig: Club du Café national: AD Gironde, 12 L 23-24; Société des Amis de la Constitution (AD Gironde, 12 L 13, 14); Société patriotique de la Merci (BM Bordeaux, ms. 1037); Société des Surveillants zélés de la Constitution (AC Bordeaux, I 72, 73).

zélés de la Constitution sind volkstümlich. Sie verfolgen eine unterschiedliche Politik. *Café* bzw. *Club national* werden im März 1793 wegen "Maratismus" von der Stadt geschlossen, während die *Amis de la Constitution* im November 1792 offen girondistisch werden. Auch vom Sitz her unterscheiden sich die Gesellschaften: Die populären sind im mittelalterlichen Zentrum der Stadt angesiedelt, die der Händler und Rechtsanwälte im Zentrum des Bordeaux der Aufklärung. *La Merci* geht im Herbst 1792 in den *Amis* auf, wird dann 1793 aufgelöst. Der *Club national* wiederum wird Ende August durch Dekret der *Convention* wieder eingesetzt. Die *Amies* werden wie alle Frauengesellschaften von der *Convention* verboten. Der *représentant* Tallien schließlich wird Präsident des *Club national* und zwingt am 19 Frimaire des Jahres II die noch verbleibenden *Surveillants zélés de la Constitution*, sich aufzulösen und zum *Club national* überzutreten.[242]

Zur Frage des Verhältnisses zwischen Assoziationsleben und politischer Aktion kann man festhalten: Gleichsam natürlich treffen sich Maurer und bilden revolutionäre Gesellschaften; aber es handelt sich um individuelle Akte, nicht um die einfache Umwandlung einer alten in eine neue Assoziation. Außerdem spaltet sich die Freimaurerei im revolutionären Prozeß selbst. Es werden zwei verschiedene Realitäten, die sich rasch auseinanderleben. 1791 zählt man bereits 1.100 politische Gesellschaften an über 1.000 Orten, im Jahr II sind es 6.000 an 5.500 Orten. Der enge Rahmen der Eliten des Ancien régime wird also gesprengt. Im Jahr II werden sie verboten, und zwar mit der ausdrücklichen Begründung, daß die Öffentlichkeit (*publicité*) die

---

[242.] Ebd. 41; *Révolutions en Aquitaine de Montesquieu à Frédéric Bastiat*, Bordeaux 1990, darin: M. FIGEAC, La situation et le rôle de la noblesse bordelaise dans la pré-révolution: révolte nobiliaire, révolte des élites, 65-82; J.-C. DROUIN, Le Journal du Club National de Bordeaux (messidor-thermidor An II), 127-142; P. BÉCAMPS, Chronique journalière de la seconde mission d'Ysabeau à Bordeaux après thermidor 1794, 143-165.

Garantie der Freiheit sei und daß nur eine einzige Loge existieren dürfe, nämlich die des Volkes. Wenn sich der Herzog von Orléans am 5. Januar 1793 aus dem Grand Orient de France zurückzieht, dann mit der Begründung, daß es in einer Republik keinerlei Mysterium, auch keine Geheimgesellschaft geben dürfe, vor allem nicht bei der Gründung dieser Republik.[243]

Doch dann setzen Gegenbewegungen ein. Man respektiert die Gesellschaften zwar, aber man spricht ihnen - den Versammlungen einiger Bürger - das Recht ab, das Volk zu repräsentieren. Das Dekret vom 25 Vendémiaire (16.10.1794) verbietet *agrégations*, kollektive Korrespondenzen, alle Adressen in einem kollektiven Namen. Nicht die lokale Soziabilität selbst wird verboten, aber ihre kollektive öffentliche Willensbildung und -äußerung gegenüber den repräsentativen Organen in der nationalen Politik.

Dieser Prozeß der nationalen Politik schlägt sich beispielsweise in Bordeaux in spezifischer Form nieder: Tristan Garnier de Xantes, Sekretär der *Commission nationale*, löst am 10 Juli 1794 Ysabeau als *conventionnel* in Bordeaux ab und verfügt am 11. die Schließung der Logen. Seine Begründung lautet: Unter der Tyrannei, d.h. im Ancien régime, hätten sie für die Freiheit und Gleichheit gearbeitet. Jetzt sei in der Republik beides hergestellt. Das für sie konstitutionelle Prinzip des Geheimnisses habe zwar für die Tyrannei gepaßt, nicht aber mehr für die Republik, wo es sich der Öffentlichen Kontrolle entziehe. Die Öffentlichkeit sei für die Freiheit das, was das Geheimnis für die Knechtschaft gewesen sei. Das Geheimnis könne sich nunmehr zu einem System ausbauen. Nur eine Loge könne existieren, nämlich das Volk. Es gehe nicht gegen die Logenmitglieder, sondern gegen die Natur der Geheimgesellschaft schlechthin. Das Volk habe das Recht, alles zu sehen, zu wissen und zu kennen. Unterdrückt werden alle "associations privées ou secrètes", nur die "assemblées populaires" werden zugelassen.

[243.] Coutura, 84.

Am 8. August kommt Ysabeau nach Bordeaux und erläßt am 18. Brumaire (8. November 1794) folgendes Dekret: Die bordelaiser Freimaurer hätten eine Petition an ihn gerichtet, wonach sie immer nach den Grundsätzen der Freiheit und der Gleichheit gehandelt, die Feinde der Revolution ausgestoßen hätten; mehr noch, die freimaurerischen Grundsätze und ihr Regelement seien von der *Assemblée nationale* übernommen worden. Aus diesem Grund seien die Logen in Bordeaux wieder legalisiert. Von nun an entrepublikanisiert sich die Freimaurerei in Bordeaux. Die *Egalité* nimmt wieder ihren alten Namen *Anglaise* an, und war vorher in der *Amitié* alles, was an Adel und König erinnerte, entfernt worden, die Anrede "frère" durch "citoyen" ersetzt und generell geduzt, jakobinische Zeichen eingeführt worden, so wird dies langsam wieder zurückgedrängt.[244]

Auf nationaler Ebene stellt sich das Grundpropblem, welche Rolle die öffentliche Meinung, soweit sie sich sozial organisiert und äußert, im System der politischen Repräsentation spielen kann, darf oder gar muß.[245] Louise Robert erklärt im *Mercure National* vom 23. April 1791, ursprünglich seien die Menschen in den Gesellschaften zur gemeinsamen Lektüre und Diskussion der verabschiedeten Dekrete zusammengekommen, hätten dann aber gemerkt, "que chaque homme étant partie intégrante du souverain, ne pouvant remplir le devoir d'etre soumis à la loi, qu'autant qu'il a usé du droit de la faire ou de la consentir, toute société devoit etre, de droit, société délibérante, sur la nature et les effets de la loi." Zu den Aufgaben der Gesellschaften gehöre ebenfalls die "surveillance sur les officiers publics de la nation". Nicht zuletzt sei es Recht und sogar Pflicht der Klubs, ihre Erörterungen zu publizieren und anderen Gesellschaften mitzuteilen. Durch diese Kommunikation

---

[244] Ebd. 87-88.

[245] M. GAUCHET, La Révolution des pouvoirs. La souveraineté, le peuple et la représentation 1789-1799, Paris 1995; R. MONNIER, L'espace public démocratique. Essai sur l'opinion à Paris de la Révolution au Directoire, Paris 1994.

und die Konkurrenz der Meinungen und Argumente werde schließlich die öffentliche Meinung der Nation hergestellt. Dadurch allerdings könne es vorkommen, daß die *Assemblée* selbst zu einem gegebenen Zeitpunkt nicht mehr "au niveau de la nation" sei. Hierin drückt sich die Tendenz aus, die derart hergestellte öffentliche Meinung zu einer Art vierter Gewalt zu erheben und sie mit Attributen der Repräsentation zu versehen.[246]

Genau dies ist der Ansatzpunkt der Kritik, welche am 9. und 10. Mai 1791 in der *Assemblée* diskutiert wird und zum bekannten Dekret führt, welches Le Chapelier annehmen läßt. Es verbietet Petitionen, welche in kollektivem Namen erstellt werden. Das individuelle Petitionsrecht bleibt davon unberührt. Nur solle es nicht verwechselt werden mit der Ausübung der Gewalten, welche sich aus den Formen der politischen Repräsentation herleiten. Tatsächlich ist auf anderen Ebenen auch das kollektive Petitionsrecht ausdrücklich verankert gewesen, so vor allem in den städtischen Verfassungen. Nun jedoch soll es als reduziertes unveräußerliches *individuelles* Recht festgeschrieben werden. Zugleich werden die Rechte der Stadtversammlungen definiert, welche nur lokale und regionale Belange diskutieren dürften, nicht solche von nationalem Interesse. Nicht zuletzt werden in kollektivem Namen verfaßte Plakate ebenfalls untersagt.

Natürlich wird vor allem dieses Dekret von den - durchgängig davon direkt betroffenen - Gesellschaften heftig und ausführlich diskutiert. Das ganze Spektrum der politischen Meinung ist vertreten, also auch die Position des Dekrets. Doch was dieses nicht berücksichtigt hat, ist genau das Verhältnis zum Artikel XI der Menschenrechtserklärung, betreffend "die freie Kommunikation der Gedanken und Meinungen". Mehr noch, in den Debatten der *Confédération des Amis de la Vérité*, veröffentlicht in *La Bouche de Fer*, werden Positionen verteidigt, welche in den Gesellschaften und in der *Commune* von Paris die Souveränität des Volkes

---

[246] MONNIER, 36.

verankert sehen. Die *sociétés* erscheinen mit der *Commune* als bessere Repräsentanten der Nation, weil in ihnen sich das Volk selbst versammelt, debattiert und Beschlüsse faßt. Hieraus begründe sich auch ein ausdrückliches Widerstandsrecht selbst gegen die *Assemblée*.[247]

Wenn die Gesellschaften sich zum Herbst 1793 in ungekannter Weise vermehren, so ist das vielleicht weniger ein Indiz für ihren wachsenden Einfluß (Soboul), als für ihren Rollenwechsel (Monnier): Das ihnen innewohnende föderative Organisationsmoment ist verboten, sie hören auf, untereinander vernetzte Organe der kollektiven öffentlichen Meinungsbildung zu sein, dafür werden sie Hilfsorgane der Regierung, der Exekutive, der *représentants en commission* vor Ort.[248]

Eine prominente Position der Gesellschaften wird von Pierre François Robert verfochten, der scharf zwischen Souveränität und Repräsentation unterscheidet: "l'Assemblée n'est pas souveraine, elle n'est que représentative." Repräsentation erscheint hier als Ersatz, als Surrogat "wirklicher" Souveränität. An anderer Stelle ebenso deutlich: "L'assemblée nationale n'est là que par nous et pour nous. Quand nous avons prononcé (...), c'est à elle d'obéir la première." Robert schwebt vor, die Repräsentanten vor einer Masse von 20-25.000 Repräsentierten als Publikum arbeiten zu lassen: "Les représentants n'étant là que pour exprimer la volonté générale, le public lui-meme serait le régulateur de ce représentant, et ce mode de représentation équivaudrait presque à la parfaite démocratie."[249]

---

[247] Ebd. 49 ff., *Bouche de Fer*, Nr. 54-70, Mai-Juni 1791.

[248] MONNIER, 48.

[249] Ebd. 54; *Mercure National*, Nr. 6, 42, 46, 23. Mai, 26. November und 10. Dezember 1790. P.F.J. Robert (« Robert de Paris ») gründet das *Comité central des sociétés fraternelles*.

Le Cercle Social initiiert eine *Assemblée fédérative*, reagiert damit auf das Dekret Le Chapelier; mit mehreren Tausend Zuhörern. Gleichzeitig wird eine

Robert de Bonneville und François Robert sind in der *Bouche de Fer* Vertreter und Theoretiker einer republikanischen Demokratie, in welcher nicht das Repräsentationssystem zugunsten einer direkten Demokratie abgeschafft werden soll, sondern durch ein System von *assemblées primaires* die Delegierten einerseits mit imperativem Mandat versehen werden, die Gesetze andererseits aber solange bloß provisorisch bleiben sollen, bis sie von diesen Versammlung sanktioniert worden sind.[250]

Wenn es selten ist, daß das Prinzip der Repräsentation nicht als durch die praktischen Umstände gegeben anerkannt wird, so bleibt eben doch die Kontrolle der Repräsentanten ein wesentliches Problem. Die Föderation städtischer Kommunen und revolutionärer Gesellschaften erscheint als eine solche Lösung und zugleich als genaues Gegenteil der in der Person des Monarchen bzw. der *Assemblée* verkörperten Repräsentation der Nation.[251]

Der Aufstand der *Commune de Paris* vom 10. August wird am 12. August von Anthoine damit gerechtfertigt, daß das Volk von der *Assemblée constituante* getäuscht worden sei und deswegen die Souveränität wieder an sich genommen habe ("reprendre la souraineté"); danach liege sie ausschließlich in den *assemblées primaires* des Volkes.[252] Nach Robespierre solle es nunmehr keinerlei institutionelle oder personelle *intermédiaires* zwischen dem Volk und seinen Repräsentanten geben. Dieses habe vielmehr das Recht, sie zu kontrollieren und sich gegen sie zu erheben, wenn sie seine Freiheiten einschränkten. Das Widerstandsrecht könne

---

Petitionskampagne organisiert, welche die Form eines "Appel à la Nation" annimmt und worin die Wahl einer neuen Assemblée gefordert wird.

[250] N. DE BONNEVILLE, *De l'esprit des religions*, Paris 1791; ROBERT, *Le républicanisme adapté à la France*, Paris 1791.

[251] B. DE VARENNE, *L'acéphocratie ou le gouvernement fédératif*, Paris 1791. Die *Amis de la Vérité* bezeichnen sich selbst als "assemblée fédérative". (*Bouche de Fer*, Nr. 99, 21. Juli 1791).

[252] MONNIER, 137, nach A. AULARD, *Jacobins*, IV, 196.

und dürfe sich nicht in bloß legalen Mitteln erschöpfen; das wäre "le dernier raffinement de la tyrannie".[253] Und das Paradox des Festes der Föderation verschärft sich noch anläßlich des Referendums im Sommer 1793: Aus den *assemblées primaires* werden Männer nach Paris geschickt und am 7. August in der *Convention* empfangen, wo nach dem Ausdruck des *Courrier Français* des folgenden Tages "nos législateurs se sont confondus avec les représentants immédiats des communes de la république".[254] Deutlicher kann die begriffliche Verwirrung der politischen Kämpfe nicht ausgedrückt werden.

Mit dem Thermidor kommt es zu einem Aufflackern der Korrespondenzen und Adressen, doch die *Convention* reagiert durch die Adresse au Peuple vom 18. Vendémiaire und einem Dekret gegen die Klubs am 25.: "Aucune autorité particulière, aucune réunion n'est le peuple; aucune ne doit parler, ne doit agir en son nom." Und im Dekret : "Toutes affiliations, agrégations, fédérations, ainsi que toutes correspondances, en nom collectif, entre Sociétés, sous quelques dénominations qu'elles existent, sont défendues comme subversives du gouvernement et contraire à l'unité de la république."[255]

---

[253] Ebd. 141, M. ROBESPIERRE, *Œuvres*, Paris 1910-1967, IX, 457f., 468; Rede Robespierres am 10. Mai 1793 vor der *Convention*: "C'est à chaque section de la République française que je renvoie la puissance tribunitienne; et il est facile de l'organiser d'une manière également éloigné des tempêtes de la démocratie absolue, de la perfide tranquillité du despotisme représentatif."142, IX, 510) - Hébert schlägt vor, daß am 4./5. September das Volk sich zur *Convention* begebe, "qu'il l'entoure comme il a fait au 10 août, au 2 septembre et au 31 mai, et qu'il n'abandonne pas ce poste, jusqu'à ce que la représentation nationale ait adopté les moyens qui sont propres pour nous sauver".145, BUCHEZ, ROUX, *Histoire parlementaire de la Révolution française*, Paris 1834-38, XXIX, 28.
[254] Ebd. 234; vgl. auch ABERDAM, Les envoyés du souverain face aux représentants du peuple, in: M. VOVELLE (Hg.), *Révolution et République. L'exception française*, Paris 1994.
[255] MONNIER, 197.

Die Diskussion von 1791 wird wieder aufgegriffen und korrigierend weitergeführt. Adressen und Korrespondenzen seien ein persönliches, individuelles Freiheitsrecht. Zwei Argumentationsstränge ergänzen einander nun: "Le peuple n'est pas dans les sociétés. La souveraineté réside dans l'universalité de la nation."[256] "Quel est le gouvernement représentatif? N'est-ce pas celui où les représentants forment le voeu public?"[257] Demgegenüber könnten die Petitionen nur individuelle Wünsche ausdrücken. In der Verfassung des Jahres III heißt es im Artikel 361 lapidar: "Aucune assemblée de citoyens ne peut se qualifier Société populaire." Hiermit wird das empirische Volk definitiv von der kollektiven nationalen Willensbildung ausgeschlossen, welche in der Exklusivität der Repräsentation stattfinden soll. Und die Gesellschaften werden im nachhinein beschuldigt, durch ihr föderatives Moment die Einheit der Nation zu spalten, den Geist des Korporatismus wiederaufleben zu lassen, sich zwischen den Bürger mit seinen Freiheitsrechten und seinen Repräsentanten zu stellen, sich selbst zum Organ der Souveränität und der Repräsentation zu hypostasieren, eben als Gesellschaften des Volkes.

Ein Grundproblem dieser Auseinandersetzungen besteht in der Frage, welche Rolle die öffentliche Meinung, soweit sie sich sozial organisiert und äußert, im System der politischen Repräsentation spielen kann, darf oder gar muß. Kommentierend läßt sich zusammenfassen, daß in diesen Argumentationen eine Differenz deutlich herausgearbeitet wird: Das Volk könne in der Wirklichkeit immer nur ein unvollständiger Teil der Vorstellung von "Volk" sein, erklären die Vertreter der Repräsentation. Andererseits aber fordert ein wortstarker Teil der Bevölkerung eine Kontrolle der *Assemblée* und der Gesetzgebung durch den Souverän. Das Volk organisiert sich selbst in Sozietäten, in Klubs,

---

[256] so Thuriot; ebd.198.
[257] so Girot-Pouzol ; ebd.198.

in Sektionen. Ein dezentrales Moment stellt sich dem zentralen entgegen. Dieser handfeste Widerspruch treibt die Revolution voran, bis in den Terror hinein, begleitet von einer bemerkenswerten Logorrhoe der revolutionären Diskurse. Die Spanung wird jedoch in dem Moment aufgehoben, wo *innerhalb* der *Assemblée* selbst die Stützen des inner- und außerparlamentarischen Doppelspiels - etwa Robespierres und der *Commune* - wegfallen. Schon 1793 erfahren die Sozietäten einen Funktionswechsel, an dem der Thermidor festhält: Indem ein Teil der Legislative als *représentants en exécution* in die Provinzen geschickt und die Klubs ihnen als Teil der Exekutive zur Verfügung stehen, verschieben sich die Gewichte dahingehend, daß die *sociétés* zwar nicht an der Gesetzgebung, wohl aber an der Ausführung der Gesetze beteiligt sind. Von hier aus wird verständlich, daß zum Thermidor ein Widerstand aus den Sozietäten heraus bereits unmöglich geworden ist. Vielmehr wird von nun an das Soziabilitätswesen von Politik und Verwaltung vereinnahmt und ansonsten seiner mehr oder weniger freien, aber limitierten Selbstentwicklung überlassen.

4.4 Commune

Aus dem Lateinischen *communis* hergeleitet, entspricht französisch *commun/communs/communes/commune* in einem breiten Bereich ziemlich allen Schichtungen von "gemein / allgemein / gemeinschaftlich / Gemeinde" etc. im deutschen Sprachgebrauch. Die Konnotationen wechseln je nach Zeitperiode, sozialer und politischer Position sowie den ausgetragenen Konflikten bzw. vertretenen Ordnungs- und Pazifizierungsmustern.[258]

---

[258] A. BAVELIER, *Essai historique sur le Droit d'élection et sur les anciennes assemblées représentatives de la France*, Paris 1874, 58 ff.

Der Begriffe der *commune* kann auf eine lange und durchaus als revolutionär, zumindest als kämpferisch zu bezeichnende Tradition zurückblicken, die bis ins Mittelalter zurückreicht. Im 11. Jahrhundert versucht eine ganze Reihe von Städten und selbst Dörfern, sich mittels regelrechter militanter Verschwörungen ihrer episkopalen oder seignoralen Herrschaften zu entledigen. *Commune* wird in dieser Zeit mit *conspiration, conjuration, insurrection* belegt. Dabei handelt es sich um regelrechte Kriege und Kleinkriege. Eine *commune* wird vom König im eigenen Interesse gegen seine Vassallen anerkannt, damit er politisch überleben kann. Umgekehrt kann er auch deren Partei ergreifen, sogar laufend changieren, um Vorteile für die Krone herauszuhandeln. Das alles kann, muß aber nicht notwendigerweise den *communes* nützen. Festzuhalten bleibt, daß die Initiative offensichtlich meist von unten nach oben verläuft, also von den *communes* ausgeht. Der König kann seinerseits in seinem Amt aus in nicht der königlichen Domäne zugehörigen Gebieten *bourgeois* zu ernennen, die seiner unmittelbaren Jurisdiktion unterstehen.[259]

Jede *commune* gibt sich eine eigene Art Verfassung, eine *charte*. Keine gleicht völlig der anderen, aber dennoch werden drei charakteristische Typen unterschieden. Im Norden Frankreich bestimmen den Gilden nachgebildete Eidgenossenschaften (*associations jurées*) das Bild. Hier ist auch der Begriff der *commune* (*communia, communitas,* neben *franchisia, libertas, burgesia*) fest verankert. Im Süden spricht man mehr von *consuls, procureurs, syndics,* von *république, conseil général, parlement.* Im Zentrum hingegen sind eigenständige Gesetzgebung und Eidgenossenschaft die Ausnahme (z.B. Sens, Meaux), bestenfalls Bürgerrechte und Selbstverwaltung werden verteidigt. Paris hat eigene Privilegien. Insgesamt aber ist grundsätzlich jede *commune* für sich gegenüber der Gesellschaftshierarchie isoliert. Es gibt

---

[259] Ebd. 65. *Dictionnaire de l'Ancien Régime et des abus féodaux*, Paris 1820, 122-123.

keine "Verschwörung" der *communes* untereinander. Bis zum Ende des 16. Jahrhunderts geben sie Rechte der militärischen und zivilrechtlichen Selbstorganisation wieder ab, behalten aber ihre Wahlrechte, wenn sie es nicht vorziehen, sich unmittelbar unter königlichen Schutz zu stellen. Ab Louis XIV wird im Zuge der Ämterkäuflichkeit auch das Wahlrecht weitgehend angetastet und in Einzelfällen nur kurzfristig und unter Vorbehalt zugelassen.

Die Vielschichtigkeit des Begriffs und seiner Einsatzfelder wird bereits im Ancien régime vermerkt. Wichtig scheint besonders seine gesellschaftsbezogene und sogar gesellschaftsbildende Funktion zu sein, und genau hier setzen präzisierende Überlegungen an.

Die Grunddefinitionen sind zugleich systematisch wie geschichtlich orientiert. Zwar ist klar, daß mit den *communes* das einfache Volk gemeint ist, "le menu peuple"; und nicht umsonst werden mit den "communs" etwa in einer Schloßanlage oder in der eines Guts die Gebäude benannt, welche die Bediensteten beherbergen.[260] Doch weitergehend geht es um "le peuple des paroisses de la campagne", welches zu einer "assemblée" zusammengerufen werden kann.[261]

---

[260] Art. COMMUNE ou COMMUNES, *Encyclopédie*.
« COMMUNE ou COMMUNES, (Jurispr.) signifie quelquefois le menu peuple d'une ville ou d'un bourg. C'est aussi une espece de société que les habitans ou bourgeois d'un lieu contractent entre eux par la permission de leur seigneur, au moyen de laquelle ils forment tous ensemble un corps, ont droit de s'assembler & délibérer de leurs affaires communes, de se choisir les officiers pour les gouverner, percevoir les revenus communs, d'avoir un sceau & un coffre commun, etc.// (…) Les concessions de communes faites par le roi, & celles faites par les seigneurs, lorsqu'elles ont été confirmées par le roi, sont perpétuelles & irrévocables. »
[261] Art. COMMUNE ou COMMUNES, *Encyclopédie méthodique*, Jurisprudence, III, Paris 1783, 69-77 ; Art. COMMUNES, J.-F. FERAUD, *Dictionnaire critique de la langue française*, I, Marseille 1787, 495.

Zugleich werden Erinnerungen an weitgehende politische Freiheiten wachgerufen:[262]

COMMUNE. Cette dénomination comprend tous les habitans d'une ville, d'un bourg, & c. qui jouissent du droit d'élire leurs officiers municipaux, pour veiller au maintien de l'ordre établi par eux, et régler les affaires qui intéressent la communauté.

Damit werden Rechte dieser *assemblées* festgeschrieben. Mehr noch: Dieser Begriff wird als urfranzösisch und fast schon national verstanden.[263] Hiermit wehrt man sich zugleich gegen eine Begriffsverwirrung. Denn die *communes* haben nichts mit den englischen *commons* zu tun, ebensowenig wie die *parlements* mit dem englischen Parlament.[264] Daneben wird in der Literatur "ein anderer" systematischer Gebrauch des Begriffs vermerkt, der auf den kommunalen Gemeinbesitz zielt.[265]

---

[262] P.N. GAUTIER, *Dictionnaire de la Constitution et du gouvernement français*, Paris 1791, 91 ; vgl. *Révolutions de Paris*, N° 21, 6-7.

[263] « *Communes*. Le mot est françois d'origine: il signifie naturellement le lien de droit qui unit ensemble les habitants d'un bourg ou d'une ville, et qui en forme, dans l'état, un corps qui possede un patrimoine, dont les différents objets s'appellent communaux et communes. » *Dictionnaire raisonné*, 281.

[264] « COMMUNES, (Hist. Mod.) nom qu'on donne en Angleterre à la seconde chambre du parlement, ou à la chambre basse, composée des déput,s des provinces ou comtés, des villes & des bourgs.//Les communes ou plutôt le tiers état, en Angleterre, se dit par opposition aux nobles & aux pairs, c'est-à-dire de toutes sortes de personnes au-dessous du rang de baron (…). » *Encyclopédie*, III, 1753, 727.

[265] „Ce sont les bois et les prairies qui sont abandonnés à la communauté des habitans d'un lieu, pour son usage. (…) Elles sont inaliénables. » J. ROUX u.a., *Dictionnaire domestique portatif*, 1, Paris 1762, 469. - „Abandonnés" unterstellt, daß dieses Land vorher bereits Eigentum war. – Vgl. C.-J. FERRIERE, *Dictionnaire de droit et de pratique*, 1, Paris 1762, 319.

Communes ce sont les bois et les prairies qui sont abandonnées à la communauté des habitans d'un lieu, pour son usage. Elles appartiennet à tous les habitans, et à ceux même qui n'ont aucune terre à ferme, ni en propriété. Elles sont inaliénables: on ne peut pas les décréter; mais on a son recours, pour la dette commune, sur les habitans.

Der Begriff *commune* vereinigt in sich zunächst also zumindest zwei Grundbedeutungen. Zum einen zielt er auf eine ständisch-hierarchische Einordnung für das „gemeine", eben das hierarchisch „untere" Volk. Zum anderen weist er auf die *Gemein*samkeit einer Population hin. Genau dieser Aspekt des Begriffs eignet ihn für seine nicht abwertende, sondern positive stadtrechtliche Bedeutung der souveränen Selbstverwaltung einschließlich der allgemeinen und freien Ämterwahl, an der manchmal auch Frauen und sogar Kinder beteiligt sein können.[266]

Im Übergang von den Generalständen zur Nationalversammlung nennen sich die Vertreter des *Tiers* am 5. Juni 1789 kurzzeitig „députés des Communes", offensichtlich in Anlehnung an das englische *House of Commons*.[267] Das drückt sicherlich gewachsenes

---

[266] « COMMUNES, ce terme signifie le Peuple de la campagne. On fait armer les Communes, pour chasser du lieu les brigands qui volent à main armée, ou pour garder les côtes & empêcher la descente des Ennemis.// Ce terme, Communes, signifie aussi les héritages, bois & prairies qui appartiennent (...) la communauté des Habitants d'un certain lieu pour son useé & que les Seigneurs du lieu ne peuvent pas s'approprier.// Ces sortes de biens appartiennent à tous en commun, & personne en particulier, & ne peuvent pas être aliénés; & en cas d'aliénation, les habitans pourroient rentrer dedans sans en rendre le prix. » FERRIERE, 1, 310. « Une des plus belles prérogatives de ces villes confédérées, étoit d'avoir des loix fixes, des loix écrites, & de ne pouvoir être régies que par elles. » *Encyclopédie méthodique*, Jurisprudence, III, Paris 1783, 69.

[267] ROBESPIERRE an Buissard vom 24. Mai 1789, Correspondance, *Œuvres*, 3, 37, 41 : « Les députés des *Communes*, car le mot de Tiers-État est ici proscrit, comme un monument de l'Ancienne servitude (...). D'Eprémesnil (...) protesta

Selbstbewußtsein aus, rührt aber weder am virtuellen „Oberhaus" der ersten zwei Stände, noch am Prinzip der Monarchie selbst. Ganz sicher ist man sich mit der Bezeichnung jedoch nicht, wenn es heißt: „dans la Chambre des Communes ou plutôt dans l'Assemblée nationale."[268] Dennoch, der Begriff ist erst einmal – gegen den überraschten und vergeblich sich wehrenden Adel – besetzt: „Il faut se battre pour des mots, avant d'en venir aux choses."[269] Es ist die Vielschichtigkeit des Begriffs sowie seine funktionelle Mehrdeutigkeit, die ihn in der Revolution attraktiv erscheinen lassen. Zunächst soll der Begriff der *Communes* den des *Tiers* ersetzen, wird dann aber von dem der städtischen *Commune* als „Volk" verdrängt.

Der Begriff der landesweiten *communes*, traditionell zunächst mit der Landbevölkerung in Verbindung gebracht, wird also von den *communes* der Stadtbevölkerung überlagert. Am bekanntesten wird die *Commune de Paris*, die *rebelle*. Die Stadt ist zur Einberufung der Generalstände in 60 Wahldistrikte aufgeteilt, die am 21. Mai 1790 durch 48 Sektionen ersetzt werden. Ursprünglich nur für die Organisation der Wahlen bestimmt, entwickeln sich Distrikte und Sektionen zu permanenten Organismen direkter Demokratie (gebundenes Mandat, mögliche Abberufung der Mandatäre) und stehen in einem wechselseitigen feindseligen Mißtrauensverhältnis zur Nationalversammlung. Die *Commune* geht aus dem Beschluß der 407 Wahlmänner des *Tiers* von Paris am 9. Mai 1789 hervor, sich nicht aufzulösen, sondern weiterhin versammelt zu bleiben.

---

avec emportement contre le titre de *Communes* que nous prenons et qu'il présenta comme une insurrection anglicane. »

[268] DE LESCURE, *Correspondance secrète*, II, 25. Brief, 18. Juni 1789, Paris 1866, 363. – Es geht um den Beitritt der Ersten beiden Stände, für den der Duc d'Orléans heftig plädiert.

[269] « La noblesse se plaint de ce que l'assemblée du tiers état prend le titre de *Communes*: elles s'y oppose formellement. Il faudra se battre pour des mots, avant d'en venir aux choses. » DE LESCURE, *Correspondance secrète*, II, 24. Brief, 10. Juni 1789, Paris 1866, 361.

Ergänzt durch 25 und 19 Wahlmänner des Ersten und Zweiten Standes, nehmen sie am 13. Juli den Namen *Assemblée générale des électeurs* an und ersetzt ab dem folgenden Tag die Stadtverwaltung, *neben* der sie bis dahin tagte. Am 30. Juli wird diese Versammlung von der *Assemblée générale des représentants de la Commune* ersetzt. Die *Commune* gibt sich ein ausgefeiltes System städtischer Administration.

Das Verhältnis zu den Distrikten bzw. Sektionen bleibt gespannt, doch deren selbständige Existenz ist für das Funktionieren der *Commune* überlebenswichtig. Im Herbst 1790 interveniert auf Druck der Sektionen eine Deputation der *Commune* in der Nationalversammlung. Es wird nicht das letzte Mal sein. Im Juli 1792 beginnt in den Sektionen eine Kampagne gegen den König, der Bürgermeister Pétion fordert in der Nationalversammlung dessen Absetzung, am 10. August ersetzt eine *Assemblée des représentants de la majorité des sections* die Stadtverwaltung (samt Kommando über die Nationalgarde). Danach erkennt die Nationalversammlung die *Commune insurrectionnelle* an, die sich wiederum Sonderrechte bescheinigen läßt (Gerichtbarkeit, Polizei, innere Sicherheit).

Ab Ende August kommt es zur langen offenen Konfrontation zwischen der *Commune insurrectionnelle* und der *Assemblée*. Die Kommune wird von dieser aufgelöst, dann wieder eingesetzt, für die Kriegsmobilisierung gebraucht, sie erlebt 1792 die unkontrollierbaren Septembermassaker und wird von der *Commune provisoire du 2 décembre* abgelöst. Im Mai des folgenden Jahres wird ein girondistisch dominierter Untersuchungsausschuß der Nationalversammlung eingesetzt (*Commission des Douze*), der die Aktivitäten der *Commune* und der Sektionen überprüfen soll. Unter erheblichem physischem Druck der *Commune révolutionnaire* auf die und in der Nationalversammlung scheitert das Unternehmen. Die Gironde kontrolliert inzwischen schon nicht mehr die Mehrheit der *Assemblée* und geht politisch unter.

Doch auch mit der Montagne an der Macht werden die Konflikte zwischen Nationalversammlung und Kommune weitergeführt. Ab August 1793 greift die *Convention* massiv gegen die *Commune* durch und „liquidiert" Hébert und Danton samt Fraktionen. Es kommt bis Frühjahr 1794 zu einer blutigen „Säuberung" der Sektionen und der Kommune. Um den 9. Thermidor herum flackert ein letzter Aufstand der *Commune* auf, der jedoch von der Nationalversammlung mit Verhaftungen und 107 Hinrichtungen erstickt wird, darunter Robespierre und Saint-Just. Zuvor wurde die *Commune* insgesamt für rechtlos erklärt. Der schwache Widerstand in einigen Sektionen vermag nur wenig auszurichten. Die Stadt wird von der *Convention* unter Polizeiverwaltung gestellt.[270] Paris bleibt – von 1848 und 1871 abgesehen - bis 1977 eine Hauptstadt ohne gewählte Kommune und Bürgermeister.

Die *Commune* gibt sich ihre eigenen Attribute und läßt sie sich geben, und die werden im allgemeinen Sprachgebrauch je nach politischer Orientierung auch so übernommen. So ist sie im positiven Sinne „rebelle", „insurrectionnelle", „révolutionnaire".

Marat, dans ses placards, appelle chiffons les décrets de l'Assemblée nationale; et machinateurs nos ministres, à l'exception de M. Danton. La Commune de Paris s'est conduite et se conduit comme si effectivement les décrets de l'Assemblée n'étoient que des chiffons. Elle prétend être toujours en insurrection, et n'avoir d'autres lois à suivre que celles qu'elle fait elle-même.[271]

Und zwar ist sie dies in Permanenz: gegen die zwei Ersten Stände, für eine soziale gesetzliche Reglementierung der Preise,

---

[270] Art. Commune, Districts, Sections de Paris, *Dictionnaire historique de la Révolution française*.
[271] DE LESCURE, II, 33. Brief, 14. September 1792, 621. MERCIER, IV, 1798/99 : « voici cet hôtel de ville ou la rebèle Commune allait (…) égorger la Convention ».

gegen den König nach dessen Flucht, gegen die Koalitionstruppen, gegen das Zensuswahlrecht, gegen die Nationalversammlung. Umgekehrt wird die *Commune* als anarchistisch, verschwörerisch, verachtenswert, von Ausländern unterwandert dargestellt.[272]

Et quel étoit le but des chefs de la commune? de dissoudre, d'anéantir la totalité de la Convention pour usurper tous les pouvoirs. // (…) trahisons du Suisse Pâche, de l'Autrichien Proly, et des Belges Péréira et Dubuisson, de Marat, Neuf-châtellois, de l'ex-capucin Chabot, tous étrangers ou sur le point de le devenir.// Ce qu'il y avoit de plus monstrueux dans cette machination, c'est que la municipalité conspiratrice en dissolvant, en frappant les fidèles representans du peuple, vouloit que cette dissolution se fît au nom de la Convention elle-même.//Hébert (…) Il avoit créé aussi des expressions magiques (…).

Oh ! quel méprisable rôle jouera dans l'histoire le peuple de Paris! C'est lui qui a prêté une force immense au parti de Marat et de Robespierre, et de la Commune rebelle; c'est lui qui a environné les échafauds avec les démonstrations d'une joie féroce; c'est lui qui est venu attaquer plusieurs fois la représentation nationale (…).

Sie übe eine unerklärbare Autorität aus. Sie mache unerhörterweise ihre Gesetze selbst und exekutiere sie ebensfalls selbst. Mit Waffengewalt unterminiere sie jede Autorität und wolle die *Convention* auflösen. Ihren Sprechern wird eine geradezu magische Wortgewalt zugeschrieben.[273] Es ist kein Wunder, daß aus dieser Sicht nicht nur ein Abbé de Nogent ausruft: „La commune, nom nouveau, nom détestable!"

---

[272] MERCIER, V, 1798/99, 130-131. III, 122.
[273] Ebd. VI, 26; I, 165; I, XX-XXI; V, 183: "Hébert (…) avoit aussi créé des expressions magiques (…). »

Überblickt man noch einmal die Periode von 1788 bis Thermidor, so fällt zunächst auf, daß sich der Begriff der *Communes* im englischen Sinne eines Unterhauses nicht hält. Das liegt sicherlich daran, daß die Versammlungen der ersten beiden Stände wegfallen, es kein „Oberhaus" im englischen Sinne gibt und der *Tiers* sich als umfassende Nationalversammlung konstituiert hat. Auch bekommt der König eine andere Stellung als in England. *Communes* macht derart – ganz wie *Tiers* - keinen Sinn. Ganz anders die *Commune de Paris*: Sie setzt sich erst neben die legale Stadtverwaltung, um sie dann abzulösen, legitimiert durch die Wahlen in den Distrikten bzw. Sektionen. Aus den Vorwahlen zu den Generalständen hervorgegangen, behält sie die Permanenz der Distrikte bei und greift das überkommene, vorrevolutionäre Prinzip der kommunalen Selbstverwaltung („petites républiques") ergänzend auf.

Derart besitzt sie eine doppelte Legitimation gegenüber der Nationalversammlung, eine alte, geschichtlich verankerte stadtrechtliche und eine neue als Wahlversammlung. Sie erhält *in* und *von* der *Assemblée* einen Sonderstatus zugebilligt, der über das normale Petitionsrecht weit hinausgeht. Gleichzeitig sieht diese in ihr einen permanenten Konkurrenten und Feind, und sie täuscht sich darin nicht. Tatsächlich ist die basisdemokratische populäre Legitimation durch die Distrikte bzw. Sektionen nicht mit dem neuen Prinzip nationaler politischer Repräsentation vereinbar, beide vermögen – oft mit denselben Worten - nicht miteinander zu kommunizieren, weil die Praxisorientierung zu unterschiedlich ist. Daran ändert nichts, daß einige Männer zugleich als *représentants de la Nation* und als *représentants (du peuple) de la Commune de Paris* zu sprechen versuchen.

Während in den frühen Darstellungen *communes* ein geschichtlicher Begriff der gewachsenen kommunalen Ordnung und Selbstverwaltung und -verantwortung ist, wird er für Mercier nach den Erfahrungen des Terrors ganz anders besetzt. *Peuple* ist hier ein völlig unstrukturiertes Gemisch - wie der Dreck sich auf den Straßen der Stadt mischt -, das lediglich den magischen Worten einiger Anführer Folge leistet und dadurch zielgerichtet aktiviert werden kann. Doch diese Aktionen sind dunkel, verschwörerisch, unabsehbar, unlogisch und in ihren praktischen Folgen selbstzerstörerisch. Als unorganische Anarchie ist diese *Commune* diametral entgegengesetzt dem legitimen Repräsentationsorgan der Konvention, die eine feste Struktur und überdies ein einigermaßen überschaubares, berechenbares Handlungsmuster aufweist.[274]

Es ist also der Bürgerkrieg, welche das konkrete Volk der Kommune gegenüber der politischen Repräsentation entwertet, diese aber zugleich als akzeptabel, weil überlebensfähig erscheinen läßt. Die *Commune révoltante* verliert schließlich das, was eingangs ihr Ansehen ausmachte, nämlich ihre rechtliche und geschichtliche Behauptung als Selbstbestimmungsorgan der (klein)städtischen Lebenszusammenhänge.

Begrifflich zunächst ersatzweise den *Tiers état* übernehmend, eine Zeitlang identisch mit Volk oder Nation, löst sich *commun(es)* von der Nationalversammlung, wird vom empirischen Volk und seinen Sprechern zurückgefordert und gegen die politische Repräsentation und ihre Organe gewendet. Obwohl der Kampfbegriff *commune* in der politischen Auseinandersetzung trotz seiner "Unvernunft" und organischen wie numerischen Schwäche zunächst rhethorisch stärker ist, unterliegt er schließlich, nicht zuletzt der sozialen und wirtschaftlichen Folgen einer interventionistisch regulierenden Politik wegen, die weithin dem Ancien régime verhaftet bleibt.

---

[274] So immer wieder bei MERCIER, a.a.O.

5. Zur sozialgeschichtlichen Dimension des Wortfeldes représentation politique

Wenn politische Repräsentation durch Abgeordnete in die Nationalversammlung als ein durchweg und rundum positives neues politisches Modell von Volkssouveränität angepriesen und genau auf dieser positiven Bedeutung, dem positiven Inhalt der Praxis des Begriffs insistiert wird, so erscheint es als bemerkenswert, daß die damit korrespondierende Negativliste dahinter diskret fast schon verschwindet und kaum diskutiert wird, vielleicht, weil sie dafür – anders als die revolutionäre Gegenpartei – kaum Begriffe hat und auch keine entwickelt, vielleicht auch nicht zur Disposition stellen will. Die Negativliste ist schnell erstellt: Die Wahlversammlungen sollen sich nach der Wahl sofort auflösen und sich wieder ihrer eigenen Arbeit zuwenden, parallele konkurrierende Wahlversammlungen auf kommunaler und Distriktebene wird der Status von Repräsentationen abgesprochen und die Kommunikationen zwischen ihnen ebenso untersagt wie die zwischen teils zähneknirschend geduldeten revolutionären Klubs, die in die Exekutivarbeit der *mandataires en mission* eingebunden und damit neutralisiert werden sollen, und schließlich untersagt die *Loi Le Chapelier* jegliche nicht legale Assoziation, offiziell aus Furcht vor der Retablierung der alten Ständegesellschaft.

Tatsächlich findet diese Negativliste der Praxis keine Worte für das, was sie hinter den Plädoyers für moderne politische Repräsentation der Sache nach intendiert: die dauerhafte Zerschlagung der Gesellschaft in arbeitsteilig beschäftigte Individuen und ihre Transformierung in eine Marktgesellschaft. Deren politischen Regulierungen durch Repräsentationsformen und Verbote dienen ihr selbst, ihrer eigenen Entwicklung. Daraus machen zumindest in der internen Kommunikation Männer wie Roederer oder Sieyès keinen Hehl. Nur in den öffentlichen Diskursen erscheint dies nicht. Das entscheidende Problem besteht allerdings darin, daß sich das empirische Volk nicht durch neuartige politische Techniken in Individuen einer abstrakten Marktgesellschaft atomisieren lassen will und dagegen lautstarken Protest und Widerstand äußert, indem es sich selbst mit einer eigenen revolutionären Kultur und einer eigenen Semantik organisiert. *Peuple* steht derart gegen *peuple, nation* gegen *nation, représentation* gegen *représentation,* und *représentants* stehen gegen *représentants,* wie auch *peuple* gegen *représentants.* Die Revolution ist damit keineswegs beendet, sondern sie geht scheinbar endlos weiter.

Von der gepflegten revolutionären, aber auch der konservativen Semantik aus gesehen ist eine solche Konstellation politisch schlicht unerträglich. Zwei Praktiken können sich zumindest bis zum Zusammenbruch der erschöpften Revolution(äre) einigermaßen erfolgreich durchhalten. Die eine Position spielt geradezu mit der begrifflichen Mehrdeutigkeit und reizt sie voll aus. Die andere Praxis widersprich dem zwar nicht, geht aber insofern anders vor, als es das empirische Volk mobilisiert und in Szene setzt, sei es gegen seine Repräsentanten oder mit ihnen. In diesem Szenario allerdings wird das empirische Volk zwar als *peuple-nation* angesprochen, doch agiert es zumindest in den großen Städten als *peuple-action* sozial ziemlich unstrukturiert und im Widerspruch zu dem, was es nicht werden will – das Volk einer zerschlagenen Gesellschaft, die nur noch aus Individuen besteht.[275]

Dieser Komplex erklärt die hartnäckige Persistenz nostalgischer, an den Praxisformen des Ancien Régime orientierter Momente und gar Forderungen im populären revolutionären Diskurs.

---

[275] P. ROSANVALLON, *Le peuple introuvable. Histoire de la représentation démocratique en France,* Paris 1998, 37, zitiert hierzu Sieyès.

Man will keine abstrakte politische Repräsentation, sondern eine personelle, konkrete; und wenn die „treulosen Abgeordneten" auf ihre Wähler nicht hören wollen, will man an den König appellieren, der populär weiterhin gegen alle gepflegt-semantische Vernunft und im übrigen ganz in seinem bzw. seiner Berater Sinne als *représentant de la Nation* verstanden und angerufen wird. Doch auch die konservative Kritik politischer Repräsentation vermag hier dauerhaft keinen Fuß zu fassen. Nach einer solchen Mobilisierung wird nichts mehr so sein können wie vorher, selbst bei der Landbevölkerung nicht, und auch mit der Restauration nicht.

Die revolutionäre Kultur erweist sich als eine Volkskultur im Stile des Ancien régime. Unter den Bedingungen seines Wegfalls erfindet sie sich als Totalität völlig neu im Zustand der "Freiheit". Zugleich jedoch versteht sie die Realität der neuen Gesellschaft in ihrer Abstraktion nicht und steht ihr feindlich gegenüber. Typisch hierfür ist die Praxis der andauernden Rückführung von transitorischer Kompliziertheit in Dichotomien, in wahr und falsch, was dann unbegreiflicherweise „in vielerlei Hinsicht nicht klappt".[276]

Sieyès und die Gironde zögen ein System vor, in dem jeder seinen Geschäften nachgeht und gleichzeitig von ihm profitiert, also von ihm abhängt. Doch die Menschen ("Volk") sehen den Vorteil nicht, erheben "Volk" zum Überkriterium, wonach alles geregelt werden soll. Was eigentlich von der Bevölkerung erwartet wird, ist eine Abkehr von der Beobachtung einer für sie jeweils eindeutigen Realität. Was der Bevölkerung in der Repräsentation politisch als Volkswille gegenübertritt, ist nicht mehr sie selbst, soll es aber sein. Volk ist Volk und nicht Volk zugleich. Ein solcher Widerspruch ist nicht zu lösen. Also sieht man ruhig von einer Lösung ab, akzeptiert derart das Paradoxon, lenkt seinen Blick woanders hin und arbeitet weiter. Wichtig ist und bleibt nur, daß es keine persönlichen Abhängigkeitsverhältnisse gibt. Die sind zwar eindeu-

---

[276] N. LUHMANN, *Die Wirtschaft der Gesellschaft*, Frankfurt/M. 1994, 127.

tig, aber unerträglicher als die Abhängigkeit von Abstraktionen. Das revolutionäre Volk geht hierauf nicht ein. Es akzeptiert die unsichtbare Hand des Marktes ebensowenig wie die Herrschaft des *corpus fictum peuple/nation.* Beide reduziert es auf Profiteure und Verräter, schlimmere Ausbeuter als die des Ancien régime.

Man beginnt nunmehr die Logik des aufwendigen Procedere politischer Repräsentation zu verstehen: Politisch mag die ständische Gesellschaft zwar beseitigt worden sein, in der Praxis und in den Mentalitäten besteht sie aber während der Revolution noch weiter. Erst der Prozeß politischer Repräsentation verwandelt die Menschen unterschiedlichster Berufsgruppen, Interessen und auch Einkünfte in abstrakte gleiche Staatsbürger, die zudem frei von persönlichen Abhängigkeiten und frei im Umgang mit ihrem Privateigentum sind (jus utendi et abeundi). Dies ist geradezu die Obsession der gepflegten Semantik. In der Tat ist auf dieser Grundlage keine direkte Demokratie mehr möglich, da, wie Sieyès erklärt, dann keine Kommunikation zwischen den Gesetzgebern stattfinden könne.

Die Volkssemantik vermag das nicht einzusehen. Ihr ist einerseits die Aufhebung persönlicher Abhängigkeitsverhältnisse und Privilegien (Leibeigenschaft, Feudalität, Adel) mehr als recht. Andererseits wehrt sie sich dagegen, in eine abstrakte Gesellschaft atomisierter Individuen entlassen zu werden, und insistiert auf persönlichen Bindungen und auf persönlich-kollektiven Interventionen aus der konkreten Gesellschaft in die neue Politik (imperatives Mandat, Klubs, direkte Aktion). Genau das wiederum wird von der gepflegten Semantik aufgenommen – entweder als direkte Bedrohung der neuen staatlichen und gesellschaftlichen Ordnung (Le Chapelier), oder aber als Möglichkeit eines riskanten Spiels, persönliche und parteiliche politische Macht zu gewinnen, zu erhalten und zu vermehren (Robespierre). Im letzteren Fall ist es die Mehrdeutigkeit politischer und gesellschaftlicher Begriffe, die ein solches Spiel erlaubt. Je nach Situation und Bedarf ist etwa *peuple* die konkrete Volksmasse oder das rechtstheoretische *corpus fictum*. Das empirische Volk wiederum kann gar nicht anders als sich selbst als *peuple* und damit als *nation* zu reklamieren.

Die Menschen- und Bürgerrechte erscheinen als vermittelnde Nothelfer zwischen Staat und Staatsbürgern, ohne daß sie einen bestimmten systematischen Ort hätten. Das Widerstandsrecht gegen „tyrannische" oder „untreue" Repräsentanten, wie es in den Verfassungen festgeschrieben wird, läuft auf blanke Gewalt hinaus. Positiv formulierte Rechte (Arbeit) sind nicht zu realisieren, weil sie nicht in die Domäne von Staat und Regierung fallen, sich ihnen vielmehr entziehen. In einer marktwirtschaftlich organisierten Gesellschaft, eben der Zivilgesellschaft, laufen staatliche Regulierungen nur hinterher, um das Schlimmste zu vermeiden. Insofern können die Repräsentanten zwar die Grundbedingungen der Marktgesellschaft garantieren, gegen deren „force des choses" (Rousseau)[277] aber vermögen sie wenig auszurichten. Von daher erklären sich die letztlich hilflose revolutionäre Wut gegen politische Repräsentation und die zunehmende Diskretion ihrer theoretischen Protagonisten vom Ancien Régime bis zur Restauration.

Politische Repräsentation läßt sich im erfolgreichen Fall als ein logischer Prozeß beschreiben. Demnach werden alle Menschen in der bürgerlichen Gesellschaft politisch homogenisiert, sie werden zu Gleichen. In der Wahl oder sonstigen Bestimmung der Repräsentanten zählt nur noch die Quantität der Repräsentierten, nicht deren qualitativen Interessen und Meinungen. Die Repräsentanten erhalten eine neue Qualität als Repräsentanten der Nation, die Repräsentierten eine solche als gleiche und freie Staatsbürger, von denen erwartet wird, daß sie sich politisch brüderlich zueinander verhalten. Dabei gehen die besonderen Interessen und die Interessenskonflikte der Menschen keineswegs verloren. Sie werden nur einem äußeren politischen Regulierungssystem unterworfen, das notwendig ist, um sie nicht in einen Bürgerkrieg ausarten zu lassen.

---

[277] *Du Contrat social*, a.a.O., I/9, 367.

Genau das wird bereits bei Rousseau als praktischer Vorteil politischer Repräsentation beschrieben. Zwar sei es logisch eleganter, Souverän, Legislative, Exekutive und den Gesetzen unterworfene Bürger in ein und demselben personellen Corpus gebündelt zu haben. Aber die Schwierigkeit bestehe gerade darin, daß jede Person in sich mehrere und durchaus widersprüchliche Funktionen, Bewußtseinsinhalte, Interessenlagen unterscheiden, aufspalten, trennen und wieder vereinigen müßte, was notwendigerweise zu einem dauernd labilen Gesellschaftszustand führe, der permanent dem Bürgerkrieg nahe wäre. Rousseau unterscheidet darum einen Idealzustand der Politik ohne von einem pragmatischen Ist-Zustand mit Repräsentation. Genau hier geht Sieyès weiter, verzichtet auf das Ideal der integralen Person, akzeptiert deren Interessenkonflikte und verteilt sie arbeitsteilig auf unterschiedliches Personal. Statt sich dauernd um Politik zu kümmern, soll der Staatsbürger den Gesetzen gehorchen, die er sich durch seine Repräsentanten indirekt selbst gibt, und ansonsten seine Geschäfte in der bürgerlichen Gesellschaft verfolgen, in der aktive Politik ausgeblendet und nur als notwendige Regulierung wahrgenommen wird.

Der revolutionäre Konflikt besteht nun gerade darin, daß diese neue Arbeitsteilung zwischen Gesellschaft und Politik bekämpft und die Herstellung der idealen Identität des Souveräns in der Legislative und der Exekutive zugleich reklamiert wird. Die als feindlich erlebte freie bürgerliche Gesellschaft soll politisch nicht bloß reguliert, sondern geradezu bezwungen werden. Und wenn jene Identität schon nicht in Personalunion technisch zu erreichen ist, so soll sie zumindest durch eine verpflichtende enge personale Bindung ersetzt werden, wie sie aus der Praxis des Ancien Régime in Erinnerung ist.

Doch auch noch die externalisierten Reflexionsmechanismen überfordern die Bevölkerung in Stadt und Land, die traditionell nicht anderes als *persönliche* Abhängigkeitsverhältnisse kennt – selbst das System der *États généraux* ist ja seit Generationen außer

Übung -, und sie will entweder die Repräsentanten auch persönlich verpflichten oder die Funktionen von Souverän, Legislative und Exekutive nach dem theoretischen Ideal wieder kurzschließen. Dadurch ist die geradezu verzweifelt gesuchte politische Entlastung durch politische Repräsentation in der Revolution nicht in Sicht. Erst die Materialisierung des *corpus mysticum* der Nation in *einer* Person, ganz im Sinne des Hobbesschen „Übergangs", zieht das Problem insofern auseinander, als dann außer in der Theorie von politischer Repräsentation buchstäblich keine Rede mehr ist – zumindest bis zu den Revolutionen des 19. Jahrhunderts.

Bei der politischen Repräsentation handelt es sich also um ein uneinholbares Mißverständnis, von dem die Revolution angeheizt wird, das allerdings auch über drei Jahrhunderte vorbereitet wurde. Neben der allen Bevölkerungsklassen und –schichten vertrauten und von ihnen als bewährt anerkannten Praxis und Semantik von Repräsentation als Mandat und Deputation im Sinne des konkreten rechtsverbindlichen Auftrags einer Person, einer Familie oder einer korporativen Gruppe tritt ihnen gegenüber Repräsentation nunmehr mit dem Anspruch einer abstrakten und umfangslogisch größeren Gesamtheit auf. Im Ancien Régime wurde die wenigstens noch vom konkreten Körper des Königs – samt seiner synthetisierenden „cervelle" - personifiziert, dem die verschiedenen *assemblées* zuarbeiten mußten und deren Arbeiten er in sich aufnahm. Genau aus diesem Grund bleibt Louis XVI in den Pamphleten eine rechtstheoretisch unlogische, aber populäre Hoffnungsoption *gegen* die *Assemblée nationale* bzw. *législative*.

Daß nicht die empirische Bevölkerung, sondern das Abstraktum Volk/Nation von der *Assemblée* repräsentiert wird, ist auch darum schwer zu verstehen, weil deren Vertreter auf indirekte oder direkte Weise ja gerade vom Volk bestimmt bzw. gewählt werden. So erscheinen sie als Mandatsträger und Deputierte alten Stils, sollen aber zugleich Repräsentanten im neuen Verständnis sein. Ihnen selbst ist das nicht immer ganz klar, weshalb regelmäßig Erinnerungen oder gar Ermahnungen durch Spezialisten der gepflegten Semantik notwendig sind. Doch das kann eine Bewußtseinsspaltung der Repräsentanten nur noch verstärken, zumal dann, wenn sie *en mission* aus der *Assemblée* heraus wieder zur empirischen Bevölkerung geschickt werden oder wenn sie etwa neben ihrem Mandat auch noch Bürgermeister sind.

Eine Lösung ist offensichtlich erst einmal nicht in Sicht. Zwar läßt sich der Bevölkerung das Bewußtsein vermitteln, Volk und Nation zu sein, also jeweils Teil eines Ganzen. Aber die komplizierten Abstraktionsschritte politischer Repräsentation sind nur von wenigen nachzuvollziehen. Sie erweisen sich auch gar nicht als notwendig, solange die Repräsentanten als solche anerkannt werden und als solche erfolgreich handeln, gewählt oder nicht. Nur auf dem besonderen Gebiet des Staatsrechts übt die reine Lehre noch eine orientierende Funktion aus, die jedoch von den Nichtspezialisten gar nicht nachvollzogen werden muß. Es bleibt also beim von Marx für die II. Republik dargestellten Volk/Volk-Paradox, das politisch mehr oder weniger geschickt und erfolgreich gehandhabt wird, und sei es nur durch eine verstärkte Semantik des postrevolutionären Nationalstaats.

Wenn die *Constituante* sich auflöst, dann aus dem einfachen Grund, daß sie dem Land 1791 eine Verfassung gegeben hat. Und sie erklärt die Revolution für beendet, weil sie mit dieser Verfassung ein stabiles System politischer Repräsentation etabliert zu haben glaubt, welches das verfassungslose System des Ancien régime und dessen Institutionen definitiv ablöst. Wenn die Revolution dennoch weiter vorangetrieben wird, liegt das am Widerstand des in den Distrikten, Klubs, Kommunen organisierten *konkreten* Volks gegen die in der *Assemblée nationale* versammelten Repräsentanten des *abstrakten* Volks, zu denen es keine direkte, unmittelbare, „persönliche" und verpflichtende Beziehung hat wie im Ancien régime. Die Fortführung der Revolution besteht der Sache nach darin, mit Gewalt eine solche Beziehung alten Typs auf der

Grundlage der neuen politischen Verfassung immer wieder herzustellen und abzusichern. Das ist auch mit der Verfassung von 1793
nicht durchzuhalten. Die permanente Spannung zwischen beiden
Vorstellungswelten bleibt materiell bestehen. Erst Thermidor und
bonapartistischer Staatsstreich hauen diesen gordischen Knoten
durch.

Aufschlußreich ist der Vergleich mit der amerikanischen Revolution. Hier sollte die englische abstrakte, „virtuelle" Repräsentation durch ein System regionaler und lokaler Interessenvertretung
unter ausdrücklicher Beibehaltung breitflächiger – auch religiöser –
Assoziations- und Soziabilitätsnetze abgelöst werden. Das traditionelle *corpus fictum* wurde durch den massiven, breiten, aber jeweils individuellen Bezug zu Gott ersetzt. In einer solchen An-
sammlung kleiner Demokratien, wie Sieyès sie für Frankreich ausdrücklich ablehnt, ist in der Tat kein derart fundamentaler revolutionärer Streit möglich[278], und auch ein bonapartistisches System
sollte verfassungsgemäß gerade augeschlossen werden.

Anders und überspitzt ausgedrückt: In Nordamerika besteht –
wie Payne in Paris nicht müde wird zu betonen - die Revolution in
der Einführung eines neuen Systems politischer Repräsentation, in
Frankreich ist die Revolution seit Ende 1789 eine Volksbewegung
gegen ein System abstrakter politischer Repräsentation. Die Argumente dieser Volksbewegung sind an den Praxisformen, dem
Sprachgebrauch und der Vorstellungswelt des Ancien régime orientiert. Und diese Orientierung wiederum ermöglicht es, Vertreter
des neuen Systems mit Attributen des alten zu belegen, eben als
treulos, verräterisch, tyrannisch. Gleichzeitig muß diese revolutionäre Kultur praktisch alles neu erfinden, was ihr wiederum einen
utopischen Überschuß verleiht.

An den Konflikten um *représentation politique* bzw. *représentants* in den ersten 6 Jahren der Revolution zeigt sich, daß diese

---

[278] – was die bekannten politischen Konflikte bis hin zum Bürgerkrieg nicht
ausschließt – aber dann aus anderen Gründen.

weniger die direkte Umwälzung von einem politischen System zu einem anderen ist, als die etwa der Übergang vom *Tiers état* der Generalstände zur selbsternannten *Assemblée nationale* häufig historiographisch dargestellt wird. Vielmehr fangen hiermit die revolutionären Auseinandersetzungen erst richtig an. Es handelt es sich dabei, ausweislich der semantischen Analysen, weit weniger um solche zwischen dem *Tiers* und den anderen Ständen als solche zwischen Distrikten/Kommunen/Klubs und den Repräsentanten der Nationalversammlung, letztlich zwischen dem „Volk" unter sich, das einerseits noch Teilen des hergebrachten sozialen, politischen und begrifflichen Verhaltensmusters verhaftet ist, andererseits noch nicht erkennen und nicht wissen kann, wohin die Reise eigentlich geht. Die Erklärungsversuche der gepflegten Semantik helfen ihm da wenig weiter, und sie werden denn auch von ihr nach Thermidor konsequenterweise aufgegeben.

Das empirische Volk hält also emphatisch an einer Repräsentationspraxis fest, welche die des Ancien régime ist: Rechts- und Interessensvertretung mit imperativem Mandat. Genau dies wird von den Repräsentanten erwartet und nachdrücklich, ja handgreiflich verlangt. Ein Problem besteht darin, daß jene Interessen gegenüber einem entscheidenden Gremium oder einer Person wie dem König vertreten wurde. Hier ist nun sichtbar ein Vakuum eingetreten. Denn die Vertreter bilden nun selbst das entscheidende Gremium und behaupten, Volk und Nation zu vertreten, die aber nicht mit dem empirischen Volk identisch sind. Das wird als paradox denunziert.

Umgekehrt erscheint aber auch die in sich kreisende Volk=Volk-Tautologie als paradox. Denn aus ihr heraus lassen sich keine Entscheidungen treffen, auf denen für weitere Entscheidungen aufzubauen wäre. Staatliche institutionelle Stabilisierung kann derart ebensowenig gelingen wie eine Selbstorganisation des empirischen Volkes in Form von traditionellen - rebellischen - Kommunen oder von ex-ständischen oder neuen, revolutionären Assoziationen, die sich ebenfalls an Formen des Ancien régime anlehnen.

Die Diskurse der politischen Akteure tragen dem auf jeweils eigene Art Rechnung. Vertreter der gepflegten Semantik wie Sieyès oder Roederer sind zwar unbegriffen populär, insistieren aber nicht auf der reinen Lehre und gehen unauffällig in Deckung. Ähnliches gilt für die Gironde und ihre Klientel. Revolutionäre Vertreter des Adels und der Monarchie befinden sich zwischen allen Stühlen und bewegen sich in geradezu chaotischen Diskursen, die kaum rezeptionsfähig sind und wenig bewirken können.

Ganz anders Vertreter des radikalen, schließlich jakobinischen Diskurses. Sie reiten gleichsam mit einem Sattel auf beiden Diskursen. Sie erfinden die Figur des Repräsentanten als "Volksfreundes". Dieser appelliert direkt an die Menge und destabilisert derart die Institutionen politischer Repräsentation, indem er sie zwar nicht funktionsuntüchtig macht, aber seine eigene Position darin stärkt und seine Gegner eliminiert. Umgekehrt verhindert er durchaus aktiv und rigoros die Selbstorganisation einer revolutionären Öffentlichkeit und ihrer Beschlußfassung in den Klubs. Sie liefe auf feudale "Selbstrepräsentation" nach bestenfalls ständischen Mustern hinaus. Dies wiederum triebe, wie Robespierre gegen Ende seiner politischen Karriere mit panischer Angst erkennt, auf offene Konterrevolution zu. Eine Lösung des doppelten Paradoxes jedoch erkennt er nicht. Es kann nur weiter vorangetrieben werden, bis zur Erschöpfung und zum Zusammenbruch.

Ein „Volksfreund", ein „Père Duchesne", ein „Ich-bin-Volk"-Mann kann die Trennung zwischen empirischem und abstraktem Volk und dessen Verselbständigung zwar aufzeigen und endlos denunzieren. Er kann sie jedoch nicht aufheben. Er kann bestenfalls eine Unterscheidung zwischen „treuen" und „treulosen" Repräsentanten bis zum Gegensatz treiben und letztere auszuschalten suchen. Und da die Trennung auch für einen „treuen" Repräsentanten nicht aufzuheben ist, bleibt ihm in dieser intentionalen Richtung nur die Möglichkeit, als „Soldat des Wortes" in einem schlecht unendlichen rhetorischen Kraftakt dem Volk zu versichern, daß er als sein Repräsentant wirklich „Volk" sei. Das kann sich auf konkrete Interessenvertretung wie bei der Auseinandersetzung um den *marc d'argent* beziehen. Das allein allerdings rechtfertigt noch nicht den immensen rhetorischen bzw. politisch-journalistischen Aufwand. Vielmehr soll dadurch die die Bevölkerung dazu gebracht werden, sich in „ihrem" Repräsentanten so wiederzuerkennen, daß er die permanente plebiszitäre Anerkennung dann wieder in der *Assemblée* gegen „Volksfeinde" ausspielen kann. Anders als in der „reinen Lehre" vorgesehen kommen die „treuen" Deputierten gar nicht umhin, sich auf das empirische Volk in seinen lokalen, regionalen und politischen Organisationen – Distrikte, Kommunen, Klubs, *fédérés* – zu berufen und zu stützen, womit sie wiederum in der *Assemblée* das dort repräsentierte *corpus fictum* „peuple" unterminieren.

Tatsächlich aber sind der „Volksfreund", der „Père Duchesne", der „Ich-bin-Volk" selbst bereits *corpora ficta* der Kommunikation, der Rede und der Druckmedien und dienen sowohl der Selbstversicherung des empirischen politisch organisierten Volkes als auch der Selbstvergewisserung seiner politischen Repräsentanten.[279]

Unterdesen bleibt selbst im erfolgreichen Fall einer solchen Vermittlung, die immer wieder aufs neue angestrengt werden muß, die konstitutive Problematik politischer Repräsentation bestehen. Zwar erfahren die „Soldaten des Wortes" eine gewisse Entlastung durch die Interventionen aus den Distrikten, Kommunen, Klubs. Doch die bleiben in der kurzen Zeit ihrer Aktivität sporadisch, spontan, unregelmäßig, instabil, in ihren Fundamenten selbst unsicher. Gleiches gilt wohl auch für die neuerfundene revolutionäre Volkskultur. Letztlich bleiben die Männer des politischen Wortes notwendigerweise allein und bestenfalls auf persönliche Netzwerke beschränkt, in denen sie einander ergänzen

---

[279] Vgl. JAUME, 393, 395.

und sich aufeinander berufen können. Doch das reicht noch nicht einmal zur Bildung relativ loser politischer „Parteien" im Stil der Kammern der III. Republik.

Was von Repräsentation zunächst bleibt, ist die politische Utopie einer Transformation direkter Demokratie kleiner Gesellschaften in einen neuen Aggregatszustand wie auch immer vermittelter Volk/Volk-Identität auf der Basis großflächiger und bevölkerungsreicher Gesellschaften. Mangels alternativer Möglichkeiten bedient sich das revolutionäre Volk der vorhandenen mentalen und organisatorischen Instrumente des Ancien régime und baut sie zu einer eigenen revolutionären politischen Kultur gegen das verhaßte, kalte System abstrakter politischer Repräsentation aus. Von dieser Utopie, diesem Gegensatz, dieser regelrechten Opposition werden die Utopien des 19. Jahrhunderts inspiriert und gespeist werden, von den Sozialisten, Kommunisten bis zur Kommune von 1871. Doch das repräsentative System hat sich erst einmal im westeuropäischen und nordamerikanischen Bereich erfolgreich durchsetzen können, unterbrochen von diktatorischen oder autoritären Zwischenspielen, und ist mitsamt der Menschen- und Bürgerrechte gleichsam zum politischen Paradigma des westlichen politischen Kulturtransfers geworden. Allerdings wird es weiterhin als „kalt", unpersönlich, mechanisch empfunden und bedarf der semantischen Pflege.

Die Repräsentanten und politischen Publizisten vom Typ des „Volksfreunds" bieten sich suggestiv selbst als alternativen Projektionsraum des virtuellen Bildes *peuple* an,[280] und dies in offener Opposition zum bestehenden Repräsentationssystem der neuen *Assemblée*, die sich von den institutionellen und organisatorischen Zusammenhängen des Ancien régime gelöst und und ihnen gegenüber verselbständigt hat. Jenes ausgesprochen

---

[280] Es erscheint als zweifelhaft, daß ihnen in actu diese Zusammenhänge *bewußt* sind. Doch immerhin sehen sie hier eine erfolgreiche Gegenstrategie, die sich über 4½ Jahre durchhalten läßt.

„populistische" Angebot wird zumindest für die Jahre 1790-94 von einem starken Teil der städtischen Bevölkerung landesweit angenommen, und zwar als Widerstand gegen die neue Form abstrakter, unpersönlicher und derart nicht mehr verständlicher Repräsentation. Erst Napoleon zieht beides zusammen: abstrakte Repräsentation *und* persönliche Beziehung zum Volk bzw. vom Volk her. Durch diesen Kurzschluß wird Akzeptanz und Vertrauen hergestellt, die sich kulthaft über zwei Jahrzehnte durchhalten kann und einen veritablen Mythos schafft und etabliert. Dabei wird – nicht zuletzt über die Armee – auch die ländliche Bevölkerung einbezogen. Mit Kaiserkrönung, Erbfolge, neuen Königreichen wird zugleich *aus* Elementen des Ancien régime heraus in eine postrevolutionäre neue Zukunft gewiesen, die mit solchen Insignien zumindest erträglicher zu sein scheint. Entscheidend bleibt, daß die politischen Grundprinzipien der neuen Vergesellschaftung respektiert bleiben: Freiheit, Gleichheit, Sicherheit der Person und ihres Privateigentums.

In der Revolution und in ihrer Geschichte handelt es sich im Fall der *représentation* und der *représentants* um ein außerordentlich dynamisches Sprachfeld mit mehreren Bewegungen, die sich wie folgt zusammenfassen lassen:

In der öffentlichen Diskussion um politische Repräsentation *außerhalb* der gepflegten Semantik geht es weniger und oft gar nicht um das Prinzip oder das System der Repräsentation selbst, sondern um die Repräsentanten als Personen. Es bleibt bei der alten juristischen Figur der Interessenvertretung von einzelnen Personen oder Personengruppen durch andere Personen desselben Interessenbereichs, beim "Sprechen für" und "sich hören Lassen" beim oder gegenüber dem Souverän. Von daher erklärt sich auch, daß *représentant* von *représentation* weg und hin zu *mandataire/commis* bewegt wird, also nicht nur zum Prinzip der Interessenvertretung im Ancien régime, sondern auch zu Prinzipien des bürgerlichen oder Privatrechts. Und es läßt ebenso verständlich werden, weshalb die Repräsentanten leicht als untreu, verräterisch, verschwörerisch und tyrannisch erscheinen müssen, wenn sie die Nation insgesamt vertreten wollen. Nicht zuletzt wird unter diesen Voraussetzungen klar, weshalb man zu Anfang der Revolution noch glaubt, an den König rekurrieren zu können, d.h. zur Form der Repräsentation im traditionellen Sinn des "Vorstelligwerdens" oder auch schlicht des direkten Appellierens an den Souverän, ohne den Umweg über das, was als feudale Anarchie denunziert wird.

Daneben und im Gegensatz hierzu existiert eine gepflegte revolutionäre und republikanische Semantik, die sich bewußt und direkt auf die neuere europäische politische Theorie der abstrakten Vergesellschaftung und der politischen Repräsentation bezieht. Sie geht systematisch vor und arbeitet sich wie ein Maulwurf voran bis zur späten Konsolidierung der Republik in Frankreich ab den 1870er Jahren, allerdings unter völlig veränderten Bedingungen der sozialen, ökonomischen und politischen Infrastruktur und nicht zuletzt nach zwei Kaiserreichen, die bereits zeitgenössisch als eine Art Erziehungsdiktatur für die Republik angesehen werden können. Doch 1789 gibt politische Repräsentation der Politik und der Gesetzgebung ein logisches Orientierungsgerüst vor, das zwar von der sich langsam bildenden politischen Klasse gelernt, von der Bevölkerung aber mißtrauisch und vehement abgelehnt wird. Dennoch bleibt es die Grundlage einer rechtlich-administrativen Logik, die nicht mehr aufgegeben wird.

Die semantische Strategie der an diesen Auseinandersetzungen beteiligten Schichten und Gruppen zielt über die Problematik *représentants/mandataires/commis* vermittelt auf die Besetzung und Vereinnahmung, sogar Rückeroberung von zentralen Begriffen der gepflegten politischen Semantik. Es geht - immer wieder vermittelt über die Problematik der politischen Repräsentation - um *peuple, nation, souverain*. Für die Vertreter der gepflegten politisch-revolutionären Semantik liegt die Sache auf der Hand, und die meisten der Abgeordneten versuchen, genau diese Logik zu lernen. Das spielt sich zentral in den *assemblées* ab. Sieyès, Roederer und andere erklären immer wieder mehr oder weniger ungeduldig die Logik der Konzeption. Bei Necker, Condorcet und vielen anderen ist sie bereits allemal präsent. Die gepflegte Semantik der Revolutionsgegner hingegen bezieht sich bei allem Reformwillen auf persönliche Beziehungen (beiderseitige persönliche Abhängigkeit versus persönliche Verpflichtung), denunziert hingegen nachhaltig die Prinzipien und Erscheinungen der abstrakten Vergesellschaftung. Die revolutionäre Bevölkerung läßt sich nicht auf ein derart komplexes Spiel der Abstraktionen ein. Doch sie akzeptiert bereitwillig und enthousiastisch die Herrschaft von *peuple, nation, souverain, citoyens*, meint sich indessen empirisch selbst, im Sinne eines "je pluriel" des *citoyen*: Wer Angehöriger des Volkes ist, spricht für das ganze Volk. Es entfaltet spontan einen regelrechten materiellen Kultur seiner und um sich selbst.

Ein zentrales Problem bleibt in diesem Spiel das der Definition und der Stellung des *souverain*. Das führt zu sehr komplizierten Positionen, da die Definitionen des Ancien régime, der Rechtstheorie von Repräsentation und die neuen Auffassungen der revolutionären Bevölkerungen nicht miteinander übereinstimmen, auch wenn durchaus dieselben Begriffe benutzt werden. *Peuple* wird im Kontext *souverain* schließlich politisch zurückgedrängt. Am Ende der Revolution dominieren *nation, État* und *français*. Demgegenüber ist von Repräsentation kaum noch die Rede, auch nicht mehr von *mandat/commission*. Der Sache nach allerdings kann sich die Bevölkerung über die Generationen hinweg durchaus im alten Sinne auch nach Thermidor repräsentiert fühlen - und daraus sogar einen neuen Sinn konstruieren.

Die Ablehnung der abstrakten Vergesellschaftung und des daraus abgeleiteten politischen Zwanges, der zudem noch als Freiheit deklariert wird, entspricht die Zurückweisung abstrakter wirtschaftlicher Mächte. Ein Versagen des Marktes und seiner "unsichtbaren Hand" wird umstandslos als Verschwörung bestimmter Personen interpretiert, die es zu entlarven und zu bestrafen gelte. Umgekehrt wird - wie im politischen Leben – eine regulierende Intervention auch in die Ökonomie als notwendig erachtet.[281]

Mit dem Regizid und im Zuge der Dechristianisierung bleiben keine personellen Appellationsinstanzen mehr übrig. Auch werden keine neuen Institutionen geschaffen, an die man sich bei unterstellter Verletzung der Menschen- und Bürgerrechte durch Repräsentanten, Gesetze, Verwaltung und Militär wenden könnte."Volk"/"Nation"/"Souverän" wird auf sich selbst zurückverwiesen, und zwar sowohl als Abstraktion, als auch als empirische Konkretion, als gesellschaftliche Veranstaltung. Der sakral-verdinglichte Charakter der Konstitution und der Menschen- und Bürgerrechtserklärungen entspricht dem. Sie zielen auf Abstraktion und Konkretion zugleich. Der *homme/citoyen* ist ein sinnlich-übersinnliches Wesen zugleich, ebenso wie das *peuple* insgesamt. Von der Abstraktion des natur-/vernunftrechtlich konstruierten abstrakt freien und gleichen Menschen geht man zur positiv-rechtlichen Konstruktion der empirischen Bürger über, doch ohne daß damit der *homme* aufgegeben würde.

Gleichzeitig wird jedoch eine Verschränkung der *représentants en assemblée* als Verkörperung des corpus fictum *peuple* nicht zugelassen, wenn es nicht gleichzeitig zumindest *auch* konkrete, handfest nachvollziehbare und kontrollierbare Interessenvertretung ist und insgesamt für jedermann spürbar Rechtssicherheit für Person und Eigentum und sogar minimale Existenzsicherung nicht nur abstrakt verspricht, sondern auch in der Alltagspraxis aufrechterhält. Der Rekurs auf Gewalt gegenüber den *représentants infidèles* ist die Zurücknahme der Souveränität in einen vorgesellschaftlichen Zustand ohne Repräsentation, aber in der

---

[281] Damit wird im übrigen eine politische Tradition begründet, die sich in Frankreich bis heute durchhält.

einzig möglichen Absicht, den vergesellschafteten mit "wirklicher" Repräsentation wieder zu rekonstruieren.

Man erkennt deutlicher die pragmatischen Lösungsversuche der beiden Kaiserreiche, der II. und III. Republik: Wahl eines Präsidenten *neben* den Kammern der Repräsentanten, diese als Vertreter des corpus fictum der Gesamtnation, doch zugleich als Männer der Gesellschaft und als Bürgermeister, die Republik als Zivilreligion, mit ihren Institutionen über das ganze Land vernetzt, Übersichtlichkeit der Lokal- und Regionalpolitik. Das funktioniert dann wie in der Wirtschaft ohne (kollektive) Reflexion. Von alledem ist man in der I. Republik weit entfernt. Die revolutionäre Intervention des *peuple* gegenüber seinen *représentants en assemblée* gleicht einem Run auf eine Bank bei Vertrauensentzug; natürlich wird diese dadurch zahlungs-, die Versammlung handlungs- und beschlußunfähig.

Der in der Revolution erfolgreiche Diskurs gibt sich als geradezu manichäisch eindeutig. In Wirklichkeit ist es eine rhethorische Technik, Mehrdeutigkeiten und systematische Widersprüche erfolgreich aufrechtzuerhalten. In diesem Sinne handelt es sich um paradoxale politische Diskurse, die sich aber als endoxale bewähren, also als evident und unmittelbar einleuchtend akzeptiert und multipliziert werden. Dazu gehört etwa die Kontrolle der Repräsentanten des corpus fictum *peuple / nation / souverain* durch die Bevölkerung. Das alles ist sehr aufwendig, uneffektiv, unökonomisch, kräftezehrend. Die Vertreter eines systematisch widerspruchlosen, aber komplizierten, weil offen mehrwertigen Diskurses werden eliminiert oder ziehen sich schweigend zurück, arbeiten aber weiter und kommen später zum Zuge. Nur aktuell kann ihre Rhethorik nicht "populär" sein.

Alles geht aus, wie es ausgeht: *Peuple* wird im Themidor aus dem sinnlich-übersinnlichen Ding der Souveränität auf beiden Seiten der Gleichung ausgeklammert und gekürzt. *Représentation* wird – wenn überhaupt - nur behutsam verwendet, vor allem nicht im Zusammenhang mit *peuple*; diese Mischung wäre zu explosiv. Aber auch eine Rückkehr zu den Zuständen des Ancien régime ist nicht mehr möglich. *Tiers état* ist zu *peuple* geworden, und die Rechtsperson ist definitiv überständisch, ausdrücklich auch für Adel und Kirche. Beide hätten keine Vorteile von einer wirklich substantiellen Restauration. Der patriarchalisch-paternalistische Diskurs baut an der souveränen Nation identitätsstiftend weiter und blendet die Problematik der politischen Repräsentation und ihrer Begründung mehr oder weniger erfolgreich aus. Menschen- und Bürgerrechte kommen als positive Gesetzesbestimmungen im Zivilrecht unter, ohne groß konstitutionell deklariert zu werden.

1848 bringt die gesamte Problematik wieder auf den Tisch, 1851 deckt sie wieder zu. Die III. Republik entschäft sie derart, daß sie nicht mehr als kohärent erscheint. Juristen beschäftigen sich mit dem corpus fictum, das Volk wählt seine Vertreter, von denen es erwartet, daß sie seine Interessen vertreten. Nach dieser Maßgabe werden sie gewählt. Zudem entstehen programmatische „Parteien",[282] die eine bestimmte Klientel zu bedienen versprechen. Die Revolution möchte hier also politische Repräsentation als Serie privat- oder zivilrechtlich begründeter persönlicher Abhängigkeitsverhältnisse der Repräsentanten von ihren Wählern konstruieren.

Es ließ sich ziemlich genau beschreiben, wie sich in der Französischen Revolution in Sachen *représentation* unterschiedliche, konkurrierende und gegensätzliche politische Praxisformen mit differierenden historischen Bezügen herausbilden und wie es darum geht, Wörter und Begriffe zu erkämpfen, zu besetzen und zu verteidigen. Das geht nicht ordentlich und gesittet, sondern recht chaotisch zu, und die eingesetzten Mittel reichen von flammenden

---

[282] Noch nicht im zeitgenössischen deutschen Sinn. Überhaupt bleiben nach dem Untergang der SFIO und dem Bedeutungsverlust des PCF politische Parteien auch in der V. Republik weiterhin nur um jeweils aktuelle Personen herum gebildete vergleichsweise instabile Gruppierungen.

Reden und Publikationen über handgreifliche und bewaffnete Auseinandersetzungen bis hin zu Mord und Totschlag sowie zur Liqui-
dation in standrechtlichen Schnellverfahren, wenn da überhaupt
von Recht gesprochen werden kann. Gewaltenteilung existiert, wie
gesehen, kaum. Das alles geht weit über die bewußten Absichten
und Ziele der Individuen und Gruppen hinaus.[283] Sie sind Akteure
in einem Drama, dessen Regisseure und dessen Skripts sie nicht
kennen. Sie wissen nicht, wohin die Handlung führt und wie sie
endet, worin ihre Logik besteht und was ihr Sinn ist. Die (Selbst-
)Erklärungen reichen nicht weit. Von daher auch die vergeblichen
Bemühungen, an bestimmten Stellen das Drama für beendet zu
erklären, seinen Verlauf abzubrechen. Reihenweise werden die
Akteure zu Opfern, Objekte in einem Prozeß, den sie nicht verstehen, der sich ihrem Begriff entzieht. Von daher die geradezu ver-
zweifelten permanenten Diskurse der Revolutionäre.

Wenn das so ist – und es ist kein gegenteiliges Argument in
Sicht -, dann ist es durchaus legitim, die Revolution auch in diesem
Bereich der Auseinandersetzungen um politische Repräsentation
als *fait social* im klassischen soziologischen Sinn aufzufassen.[284]
Das wiederum führt notwendigerweise dazu, nach den *Funktions-
zusammenhängen* dieser politischen Praxisformen und ihrer Diskurse zu fragen. Zumindest einer dieser Zusammenhänge hat sich
deutlich herausgeschält: Das System personeller Abhängigkeiten
wird durch den Versuch breitestmöglicher Einübung und Sozialisa-
tion abstrakter Vergesellschaftung abgelöst. Allerdings ist das nur
sehr wenigen Juristen, Rechtstheoretikern und Politikern auch nur
ansatzweise klar. Ansonsten wird selektiv gelesen, bruchstückhaft
rezipiert und eklektisch mit- und gegeneinander argumentiert. Ganz

---

[283] Zum Septembermassaker F.E. SCHRADER, Emigrationsmemoiren aus der
Französischen Revolution in der Restauration, in: G. GERSMANN (Hg.), *Revolution und Restauration in Frankreich*, Frankfurt/M. 1993.
[284] Vgl. F.E. SCHRADER, *Augustin Cochin et la République française*, Paris 1992,
104-127.

deutlich zeigt sich das bei der globalen Berufung auf Rousseau, obwohl der sich im Kontext ziemlich anders ausdrückt.

Es ist wieder ein paradoxaler Prozeß: Insbesondere die Stadt-, aber auch breite Teile der Landbevölkerung will zwar die Freiheit von persönlicher Abhängigkeit, welche von den beiden ersten Ständen repräsentiert wird. Auch die Lockerung oder Abschaffung berufsständischer Abhängigkeit wird durchgängig begrüßt. Aber für die neue Ordnung, die sich nur unsicher tastend etabliert, fehlen die Begriffe, und völlig ohne personelle Einbindungen möchte man auch nicht in die neue Freiheit entlassen werden: eine Marktgesellschaft mit Personen- und Eigentumsgarantie, aber nicht ohne deutliche Reglementierungen von gesellschaftlicher und politischer Seite aus. Schließlich aber sollen die Repräsentanten als Deputierte ihren Wählern bzw. Wählergemeinschaften gegenüber persönlich verantwortlich bleiben, nicht einem unfaßbaren Abstraktum „Volk/Nation", was wiederum als persönliches („tyrannisches") Abhängigkeitsverhältnis aufgefaßt wird. Daß schließlich die Vertreter dieser Fiktion auch noch ein staatliches Gewaltmonopol beanspruchen, erscheint erst recht als unsinnig in einer Gesellschaft, in der Gewalt eben nicht delegiert, sondern in einem andauernden Erregungszustand persönlich ausgeübt wurde.[285]

Für die Beendigung des revolutionären Bürgerkrieges in Frankreich stellt sich die Frage, mit welcher Vorstellungswelt schließlich der Begriff der Repräsentation ersetzt werden soll. Der deutsche Zeitgenosse des Staatsstreichs Napoleons Hegel hat um 1800 theoretisch ebenso resigniert wie realpolitisch bewundernd zum Thema konstatiert: Das allgemeine Selbstbewußtsein "läßt sich (...) nicht durch die *Vorstellung* des Gehorsams unter *selbstgegebenen* Gesetzen, die ihm einen Teil zuwiesen, noch durch seine *Repräsentation* bei Gesetzgeben und beim allgemeinen Tun um die *Wirklichkeit* betrügen, (...) *selbst* das Gesetz zu geben und nicht ein einzelnes Werk, sondern das Allgemeine *selbst* zu

---

[285] D. ROCHE (Hg.), *Jacques-Louis Ménétra. Histoire de ma vie*, Paris 1982.

vollbringen; denn wobei das Selbst nur *repräsentiert* und *vorgestellt* ist, da ist es nicht *wirklich*; wo es *vertreten* ist, ist es nicht."[286] Konsequenz: "der Begriff und Einsicht führt etwas so Mißtrauisches gegen sich mit, daß er durch die Gewalt rechtfertigt werden muß, dann unterwirft sich ihm der Mensch."[287] Und in der Tat: « La Révolution est close; ses principes sont fixés dans ma personne. Le gouvernement actuel est le représentant du peuple souverain, il ne peut y avoir de révolution contre le souverain. »[288] Aus der umgekehrten Perspektive stellt sich der Sachverhalt so dar, daß das Volk keine Stimme hat, daß man es nicht hört. Nur in seinen Erhebungen ist es unzweifelhaft da, dann schweigt es wieder. In der Wahl gibt es buchstäblich seine Stimme ab, und die Gewählten individualisieren sie. Aber es ist nicht mehr die Stimme des Volkes.[289]

[286] G.W.F. HEGEL, *Phänomenologie des Geistes*, Werke in zwanzig Bänden, 3, Frankfurt/M. 1970, 435.

[287] Ders., Die Verfassung Deutschlands (1800-1802), *Frühe Schriften,* 1, Frankfurt/M. 1971, 581.

[288] Napoleon Bonaparte, 422, vgl. oben 3.3.

[289] P.J. PROUDHON, *Le Représentant du peuple*, Paris 1848, nach ROSANVALLON, 51-53.

Ausgewählte Bibliographie zum Themenbereich

Vorrevolutionäre Referenzen

J. ALTHUSIUS, *Politica methodice digesta*, 3. Ed., Arnhem 1617.
DIE BIBEL, nach dem Text der Deutschen Bibelgesellschaft, Stuttgart 1985.
TH. HOBBES, *Leviathan*, Harmondsworth 1978.
J. LOCKE, *Essay on Civil Gouvernment*, Cambridge 1967.
J.L. DE LOLME, *Constitution de l'Angleterre*, Amsterdam 1774.
CH.-L. DE MONTESQUIEU, *De l'esprit des lois*, Œuvres complètes II, Paris 1951.
S. PUFENDORF, *De jure naturae et gentium*, Berlin 1998.
J.-J. ROUSSEAU, *Œuvres complètes*, Paris 1964 sqq.
L. DE SAINT-SIMON, *Mémoires*, Paris 1983 sqq.
A.R.J. TURGOT, *Formation et distribution des richesses*, Paris 1997.
F. QUESNAY, *Tableau économique,* Paris 1969.

Publikationen der Revolution

Adresse de l'Assemblée générale des Représentants de la Commune deParis, à tous les habitants de Paris, 20. Oktober 1789, in *Annales patriotiques et littéraires* N° XVII, 3.
Les déclarations des droits de l'homme de 1789, Paris 1988.
P.-A. ALLETZ, *Encyclopédie des pensées, maximes, pensées sur toutes sortes de sujets,* Paris 1761.
PH.A. D'ARCQ, *De la convocation des États généraux et de la nécessité de former un quatrième ordre de l'État*, o.O. 1789.
- *Essai sur l'administration*, o.O. 1786.
Avis salutaire au Tiers-état, o.O. 1789.
L.P. DE BACHAUMONT, *Mémoires secrètes*, 1778, Paris 2009.
A. BARNAVE, De la Révolution et de la Constitution, Grenoble 1988.
N. DE BONNEVILLE, *De l'esprit des religions*, Paris1791.
A.-Q. BUEE, *Nouveau dictionnaire, pour servir à l'intelligence des termes mis en vogue par la Révolution ; dédié aux amis de la religion, du roi et du sens commun*, o.O. 1792.

P.G. CABANIS, Quelques considérations sur l'organisation sociale en général et particulièrement sur la nouvelle constitution, 25 Frimaire an VIII, in : *Œuvres complètes*, Paris 1823-1825.

L.A.CARRACCIOLI, *Les prérogatives du Tiers-état*, o.O. 1789.

Catéchisme du Tiers-état, o.O. 1788.

Le chansonnier du Tiers, o.O. (1780).

Crédo du Tiers-état ou Symbole politico-morale, o.O. 1789.

CH.-É. DE FERRIERES, *Correspondance inédite*, Paris 1932.

O. DE GRINGUES, *Dialogue allégorique entre la France et la vérité*, Paris 1789.

P.-PH. GUDIN, *Supplément au Contrat social*, Paris 1791.

A. HARTIG (Hg.), *Jean Paul Marat. Ich bin das Auge des Volkes. Ein Portrait in Reden und Schriften*, Berlin 1987.

LEBER, *Les lunettes du citoyen zélé*, II, 2, Nr. 5, o.O. (1788/1789).

DE LESCURE, *Correspondance secrète*, II, Paris 1866, 169.

P. DE MAIROBERT, *L'espion anglais*, I, London (1774) 1779.

DE MAISTRE, *Considérations sur la France*, 1796.

J.-P. MARAT, *Les chaines de l'esclavage (1774)*, Paris 1792 (genannt *Édition de l'an I*).

L. S. MERCIER, *Le nouveau Paris*, Paris 1994.

F. METRA, *Lettres iroquoises*, XIV, o.O. 1783.

M. DE MONTFERRAND, *Qu'est ce que l'Assemblée Nationale ?*, o.O. 1791; « l'auteur » ist Sieyès.

Orateurs de la Révolution française I. Les Constituants, Paris 1989.

Déclaration royale, 23.6.1789.

Le Pater du Tiers-état, o.O. (1789).

Qu'est-ce que la Révolution ?, o.O. 1790.

Réflexions sur les désavantages et les pertes immenses du Tiers-état dans la Révolution de France, Paris 1791.

J. RENAULDON, *Dictionnaire des fiefs* I, Paris 1788

ROBERT, *Le républicanisme adapté à la France*, Paris 1791.

M. ROBESPIERRE, *Œuvres complètes*, Paris 1939-1961.

ROBIN, *Histoire le la constitution de l'empire françois, ou Histoire des Etats-Généraux, pour servir d'introduction à notre Droit public*, Paris (1789).

P.L. ROEDERER, Abus d'un mot à l'aide duquel on a fait d'horribles choses, in : *Journal de Paris*, 26 Nivôse an V (15. Januar 1797)

J. ROSSIGNOL, *La vie véritable du citoyen J. Rossignol*, Paris 1796.

E.J. SIEYES, *Qu'est-ce que le Tiers État ?*, Paris 1982 (1. Ausgabe anonym erschienen im Januar 1789, gefolgt von vier weiteren Ausgaben im selben Jahr).

J.F. SOBRY, *Le nouveau Machiavel, ou Lettres sur la République*, o.O. 1788.

Le Véritable Patriotisme, o.O. 1788.

B. DE VARENNE, *L'acéphocratie ou le gouvernement fédératif,* Paris 1791.
J.-A. DE VERI, *Journal,* Paris 1928-1930.

Wörterbücher (chronologisch)

Dictionnaire universel (Furetière), Rotterdam 1690.
Dictionnaire de l'Académie française, Paris 1694.
Dictionnaire universel françois et latin (Trévoux), Ganneau 1704.
Encyclopédie ou Dictionnaire raisonné, Paris 1751 sqq.
Dictionnaire domestique portatif, 1, Paris 1762.
Dictionnaire de droit et de pratique, 1, Paris 1762.
Encyclopédie méthodique, Paris 1783.
Dictionnaire critique de la langue française, I, Marseille 1787.
Journal encyclopédique et universel. 1ᵉʳ juillet 1789.
Dictionnaire de la Constitution et du gouvernement français, Paris 1791.
Dictionnaire national ou anecdotique pour servir à l'intelligence des mots dont notre langue s'est enrichie depuis la Révolution, et la nouvelle signification qu'ont reçue quelques anciens mots (…), Politicopolis 1790.
Dictionnaire raisonné de plusieurs mots qui sont dans la bouche de tout le monde et ne présentent pas des idées bien nettes, Paris 1790.
Nouveau dictionnaire français, nouv. éd. Paris 1790.
Encyclopédie méthodique, Assemblée nationale constituante II, 1792.
Nouveau dictionnaire, pour servir à l'intelligence des termes mis en vogue par la Révolution ; dédié aux amis de la religion, du roi et du sens commun, o.O. 1792.
Dictionnaire de l'Ancien Régime et des abus féodaux, Paris 1820.
Dictionnaire des Institutions de la France aux XVIIe et XVIIIe siècles, Paris 1923.
Historisches Wörterbuch der Philosophie, Basel 1971 sqq.
Geschichtliche Grundbegriffe, Stuttgart 1972 sqq.
Dictionnaire des usages socio-politiques des Français sous la Révolution française, Paris 1985.
Handbuch politisch-sozialer Grundbegriffe in Frankreich 1680-1820, München 1985 sqq.
Dictionnaire historique de la Révolution française, Paris 1988.

Sekundärliteratur

S. ABERDAM, Les envoyés du souverain face aux représentants du peuple, in: M. VOVELLE (Hg.), *Révolution et République. L'exception française*, Paris 1994.

A. und W.P. ADAMS, *Die Amerikanische Revolution und die Verfassung 1754-1791*, München 1987.

F.-A. AULARD, *Jacobins*, Paris 1889-1902.

A. BAVELIER, *Essai historique sur le Droit d'élection et sur les anciennes assemblées de la France*, Paris 1874.

P. BASTID, *Sieyès et sa pensée*, 2. Ausgabe Paris 1970.

A. BAVELIER, *Essai historique sur le Droit d'élection et sur les anciennes assemblées représentatives de la France*, Paris 1874.

P. BECAMPS, *Chronique journalière de la seconde mission d'Ysabeau à Bordeaux après thermidor 1794*, 143-165.

M. BOULASEAU, *Robespierre*, Paris 1987.

J. BOUTIER, PH. BOUTRY, S. BONIN, *Les sociétés politiques* [=Atlas de la Révolution française 6], Paris 1992.

J.-D. BREDIN, *Sieyès, la clé de la Révolution française*, Paris 1988.

BUCHEZ, ROUX, *Histoire parlementaire de la Révolution française*, Paris 1834-38.

J. COUTURA, *La Franc-maçonnerie à Bordeaux, XVIIIe-XIXe siècles*, Marseille 1978.

R. DARNTON, *L'aventure de l'Encyclopédie*, Paris 1982.

A. DARQUENNES, *De juridische structuur van de kerk*, Louvain 1949.

R. DERATHE, *Jean-Jacques Rousseau et la science politique de son temps*, Paris 1979.

G. DIETRICH, Guizot, Augustin Thierry und die Rolle des Tiers État in der französischen Geschichte, in: *HZ* 190 (1960), 290-310.

J. EGRET, *Louis XV et l'opposition parlementaire, 1715-1774*, Paris 1970.

A. FARGE, M. FOUCAULT (Hg.), *Le désordre des familles : lettres de cachet dans les archives de la Bastille au XVIIIe siècle*, Paris 1982.

The Federalist papers, New York 1971.

M. ERBE (Hg.), *Vom Konsulat zum Empire libéral. Ausgewählte Texte zur französischen Verfassungsgeschichte 1799-1870*, Darmstadt 1985.

I. FETSCHER, *Rousseaus politische Philosophie. Zur Geschichte des demokratischen Freiheitsbegriffs*, Neuwied 1968.

M. FORSYTH, *Reason and Revolution. The political thought of the abbé Sieyès*, New York 1987.

F. FURET, M. OZOUF, *Dictionnaire critique de la Révolution française*, Paris 1988.

F. FURET, D. RICHET, *La Révolution française*, Paris 1973.

G. GAYOT, *La franc-maçonnerie française. Textes et pratiques (XVIIIe-XIXe siècles)*, Paris 1981.

M. GENTY IN : A. GEFFROY et al., Sur la Révolution française, Villeneuve d'Ascq 1975.

J. GODECHOT, Aux origines du régime représentatif en France: des Conseils politiques languedociens aux conseils municipaux de l'époque révolutionnaire, in: E. HINRICHS, E. SCHMITT, R. VIERHAUS (Hg.), *Vom Ancien régime zur Französischen Revolution*, Göttingen 1978.

M. GAUCHET, *La Révolution des pouvoirs. La souveraineté, le peuple et la représentation 1789-1799*, Paris 1995.

J. GODECHOT (Hg.), *Les constitutions de la France depuis 1789*, Paris 1970.

R. HALEVY, *Les loges maçonniques dans la France de l'Ancien régime. Aux origines de la sociabilité démocratique*, Paris 1984.

Harvard guide to American History, Cambridge/Mass..

G.W.F. HEGEL, *Phänomenologie des Geistes*, Werke in zwanzig Bänden, 3, Frankfurt/M. 1970.

E. HINRICHS, E. SCHMITT, R. VIERHAUS (Hg.), *Vom Ancien régime zur Französischen Revolution*, Göttingen 1978.

Histoire de la France. L'État et les pouvoirs, Paris 1989.

D. HÜNING, *Freiheit und Herrschaft in der Rechtsphilosophie des Thomas Hobbes*, Berlin 1998.

L. JAUME, *Le discours Jacobin et la démocratie*, Paris 1989.

J. LOUGH, *The Encyclopédie of Diderot et d'Alembert*, Cambridge 1954.

M. LAUNAY, *Le vocabulaire politique de J.-J. Rousseau*, Genève, Paris 1977.

D. LIGOU, Les assemblées qui ont créé le Grand Orient de France (5 mars – 1er septembre 1773), in : *AHRF* 215, 1974.

G. LIVET, *Les guerres de religion (1559-1598)*, Paris 1993.

N. LUHMANN, *Gesellschaftsstruktur und Semantik,* 1, Frankfurt/M. 1993.

- *Legitimation durch Verfahren*, Frankfurt/M. 1983.

- *Die Wirtschaft der Gesellschaft*, Frankfurt/M. 1994.

J. MCDONALD, *Rousseau and the French Revolution 1762-1791*, London 1965.

J.T. MAIN, *The Antifederalists. Critics of the Constitution (1781-1788)*, New York 1961.

R. MARQUANT, *Les archives Sieyès*, Paris 1970.

K. MARX, *Der 18. Brumaire des Louis Bonaparte*, 1851, MEW 8.

- *Bürgerkrieg in Frankreich*, 1871, MEW 17.

R. MONNIER, *L'espace public démocratique. Essai sur l'opinion à Paris de la Révolution au Directoire*, Paris 1994.

P.J. PROUDHON, *Le Représentant du peuple*, Paris 1848.

R. REICHARDT, *Reform und Revolution bei Condorcet. Ein Beitrag zur späten Aufklärung in Frankreich*, Bonn 1973.

- Einleitung, in: *HPSG 1/2 Révolutions en Aquitaine de Montesquieu à Frédéric Bastiat*, Bordeaux 1990.

D. RICHET, Assemblées révolutionnaires, in: *Dictionnaire critique de la Révolution française*, Paris 1988.

D. ROCHE, Le siècle des Lumières, Paris, La Haye 1978.

- Jacques-Louis Ménétra. Histoire de ma vie, Paris 1982.

- Personnel culturel et représentation politique de la fin de l'Ancien régime aux premières années de la Révolution, in: E. HINRICHS, E. SCHMITT, R.VIERHAUS, *Vom Ancien régime zur Französischen Revolution. Forschungen und Perspektiven*, Göttingen 1978, 496-515.

J. ROELS, *Le concept de représentation politique au dix-huitième siècle français*, Louvain 1969.

P. ROSANVALLON, *Le peuple introuvable. Histoire de la représentation démocratique en France*, Paris 1998.

B. SCHLIEBEN-LANGE, Die Wörterbücher in der Französischen Revolution, in : *HPSG 1/2*

E. SCHMITT, *Repräsentation und Revolution*, München 1969.

F.E. SCHRADER, *L'Allemagne avant l'État-nation. Le corps germanique 1648-1806*, Paris 1998.

- Strategien der Historiographie und Perspektiven der Mentalitätsgeschichte. Ein Forschungsbericht zum Bicentenaire der Französischen Revolution, in: *Archiv für Sozialgeschichte,*1990.

- Emigrationsmemoiren aus der Französischen Revolution in der Restauration, in: G. GERSMANN (Hg.), *Revolution und Restauration in Frankreich*, Frankfurt/M. 1993.

- *Augustin Cochin et la République française*, Paris 1992.

G. SHAPIRO, J. MARKOFF, *Revolutionary Demands. A Content Analysis of the Cahiers de Doléance of 1789*, Stanford/Cal. 1998.

A. SOBOUL, *Dictionnaire historique de la Révolution française*, Paris 1989.

A. THIERRY, *Essai sur l'histoire de la formation et des progrès du tiers état*, Bruxelles 1853.

J. TULARD, J.-F. FAYARD, A. FIERRO (Hg.), *Histoire et dictionnaire de la Révolution française*, Paris 1987.

B. TUSCHLING, *Die „offene" und die „abstrakte" Gesellschaft*, Berlin 1978.

M. VOVELLE, *La chute de la monarchie 1787-1792*, (= Nouvelle Histoire de la France contemporaine 1), Paris 1972.

M. WAGNER, Art. Parlements, in: *HPSG*.

G.S. WOOD, *The Creation of the American Republic*, New York 1969.

VS Forschung | VS Research
Neu im Programm Politik

Cornelia Altenburg
Kernenergie und Politikberatung
Die Vermessung einer Kontroverse
2010. 315 S. Br. EUR 39,95
ISBN 978-3-531-17020-6

Markus Gloe / Volker Reinhardt (Hrsg.)
Politikwissenschaft
und Politische Bildung
Nationale und internationale Perspektiven
2010. 269 S. Br. EUR 39,95
ISBN 978-3-531-17361-0

Farid Hafez
Islamophober Populismus
Moschee- und Minarettbauverbote
österreichischer Parlamentsparteien
2010. Mit einem Geleitwort von Prof.
Dr. Anton Pelinka. 212 S. Br. EUR 34,95
ISBN 978-3-531-17152-4

Annabelle Houdret
Wasserkonflikte
sind Machtkonflikte
Ursachen und Lösungsansätze
in Marokko
2010. 301 S. Br. EUR 34,95
ISBN 978-3-531-16982-8

Jens Maßlo
Jugendliche in der Politik
Chancen und Probleme einer
institutionalisierten Jugendbeteiligung
2010. 477 S. Br. EUR 49,95
ISBN 978-3-531-17398-6

Torsten Noe
Dezentrale Arbeitsmarktpolitik
Die Implementierung der Zusammen-
legung von Arbeitslosen- und Sozialhilfe
2010. 274 S. Br. EUR 39,95
ISBN 978-3-531-17588-1

Stefan Parhofer
Die funktional-orientierte
Demokratie
Ein politisches Gedankenmodell
zur Zukunft der Demokratie
2010. 271 S. Br. EUR 29,95
ISBN 978-3-531-17521-8

Alexander Wolf
Die U.S.-amerikanische
Somaliaintervention 1992-1994
2010. 133 S. Br. EUR 29,95
ISBN 978-3-531-17298-9

Erhältlich im Buchhandel oder beim Verlag.
Änderungen vorbehalten. Stand: Juli 2010.

www.vs-verlag.de

VS VERLAG

Abraham-Lincoln-Straße 46
65189 Wiesbaden
Tel. 0611.7878-722
Fax 0611.7878-400

VS Forschung | VS Research
Neu im Programm Kommunikation

Caroline Glathe

Kommunikation von Nachhaltigkeit in Fernsehen und Web 2.0
2010. Mit einem Geleitwort von Prof.
Dr. Claudia Fraas. 157 S. Br.
EUR 29,95
ISBN 978-3-531-17603-1

Hans Mathias Kepplinger

Nonverbale Medienkommunikation
2010. 195 S. (Theorie und Praxis öffentlicher Kommunikation Bd. 3) Br.
EUR 34,95
ISBN 978-3-531-17074-9

Melanie Krause

Weibliche Nutzer von Computerspielen
Motive und Verhaltensweisen
2011. 240 S. Br. EUR 39,95
ISBN 978-3-531-17403-7

Andreas Schwarz

Krisen-PR aus Sicht der Stakeholder
Der Einfluss von Ursachen- und
Verantwortungszuschreibungen auf
die Reputation von Organisationen
2010. 297 S. (Organisationskommunikation.
Studien zu Public Relations/Öffentlichkeitsarbeit und Kommunikationsmanagement) Br. EUR 39,95
ISBN 978-3-531-17500-3

Christine Linke

Medien im Alltag von Paaren
Eine Studie zur Mediatisierung
der Kommunikation in Paarbeziehungen
2010. 208 S. (Medien – Kultur –
Kommunikation) Br. EUR 34,95
ISBN 978-3-531-17364-1

Anja Prexl

Nachhaltigkeit kommunizieren – nachhaltig kommunizieren
Analyse des Potenzials der Public
Relations für eine nachhaltige Unternehmens- und Gesellschaftsentwicklung
2010. 509 S. Br. EUR 49,95
ISBN 978-3-531-17245-3

Dominik Stawski

Die Prozente der Presse
Bewertung von Journalistenrabatten
aus Anbieter- und Nutzerperspektive
2010. Mit Geleitworten von Hans
Leyendecker und Prof. Dr. Klaus-Dieter
Altmeppen. ca. 140 S. Br. ca. EUR 29,95
ISBN 978-3-531-17566-9

Matthias Walter

In Bewegung
Die Produktion von Web-Videos
bei deutschen regionalen Tageszeitungen
2010. 192 S. Br. EUR 29,95
ISBN 978-3-531-17595-9

Erhältlich im Buchhandel oder beim Verlag.
Änderungen vorbehalten. Stand: Juli 2010.

www.vs-verlag.de

VS VERLAG

Abraham-Lincoln-Straße 46
65189 Wiesbaden
Tel. 0611.7878-722
Fax 0611.7878-400

MIX
Papier aus verantwortungsvollen Quellen
Paper from responsible sources
FSC® C105338

If you have any concerns about our products,
you can contact us on
ProductSafety@springernature.com

In case Publisher is established outside the EU,
the EU authorized representative is:
**Springer Nature Customer Service Center GmbH
Europaplatz 3, 69115 Heidelberg, Germany**

Printed by Libri Plureos GmbH
in Hamburg, Germany